Paul Scheerbart

Das Paradies

Die Heimat der Kunst

Paul Scheerbart

Das Paradies
Die Heimat der Kunst

ISBN/EAN: 9783743426641

Hergestellt in Europa, USA, Kanada, Australien, Japan

Cover: Foto ©Thomas Meinert / pixelio.de

Manufactured and distributed by brebook publishing software (www.brebook.com)

Paul Scheerbart

Das Paradies

Paul Scheerbart.

Das Paradies

Die Heimat der Kunst.

1893.

Der Verlag deutscher Phantasten

Berlin SW., Schützenstrasse 68.

Paul Scheerbart

„Ja .. was .. möchten wir nicht Alles!"

Ein Wunderfabelbuch.

Wir theilen zur Orientirung die Titel dieser „modernen Fabeln" mit:

Das erste Heft:

1. **Die dummen Kinder.** Mythische Burleske.
2. **Die neue Tänzerin.** Tragische Pantomime.
3. **Moderne Götter.** Telepathisches Capriccio.
4. **Die feine Haut.** Sensible Waldgeschichte.
5. **Der heilige Hain.** Asketensage.
6. **Der klare Kopf.** Rosette.
7. **Eigensinn.** Moralische Erzählung.

Das zweite Heft:

1. **Der arme Engel.** Künstlerlegende.
2. **Die Sphinx am Weltrande.** Gespenstertraum.
3. **Adagio.** Ein Quell-Idyll.
4. **Die Arbeit des Riesen.** Philanthropisches Titanengefrett.
5. **Der Delphin.** Tritonen-Scherzo.
6. **Die weissen Vögel.** Antisimples Farbenmärchen.
7. **Zorngeister.** Anarchistisches Phantasiestück.

Das dritte Heft:

1. **Der Jüngling im Harnisch.** Aesthetische Vision.
2. **Die Göttin der Kunst.** Eine Götzentragödie.
3. **Die Meteorfahrt der Sternreiter.** Skurriles Drasticum.
4. **Die fleissigen Dichter.** Stilisirte Phantasieskizze.
5. **Die faulen Dichter.** Naturalistische Phantasieskizze.
6. **Feuerblumen.** Ruinenspass.
7. **Die beneideten Künstler.** Dilettantenarie.

Das vierte Heft:

Riesenträume:
1. Der Riese wird immer grösser.
2. Ihm wachsen Flügel.
3. Er fliegt in die Welt.
4. Er spielt mit den Sternen.
5. Der Riese reisst sich alle seine Glieder ab.
6. Das grosse Licht.
7. Der Gelangweilte.
8. Wie der Riese zu wachen glaubt.

Siehe die Fortsetzung
Seite III des Umschlags.

Paul Scheerbart.

Das Paradies

Die Heimat der Kunst.

1893.

Der Verlag deutscher Phantasten

Berlin SW., Schützenstrasse 68.

Der Verfasser hat uns leider nicht das Recht ertheilt, sein schwer verständliches Werk mit einem orientirenden Vorwort einzuführen.

Wir sind daher gezwungen, dieses Paradies der Dichter und Künstler ohne jeden Kommentar herauszugeben.

Ganz ergebenst um Entschuldigung bittend

Mit vorzüglichster Hochachtung

Der Verlag deutscher Phantasten.

Uebrigens:

Wir erlauben uns indessen, darauf aufmerksam zu machen, dass **Paul Scheerbart** demnächst einen Supplementband zum **Paradiese** veröffentlichen wird — unter dem Titel

Die Hölle.
Die Heimat der Machtsucht.

Erstes Heft.

Wie groß ist die Welt! Die Sterne strahlten durch die kalten Lüfte der ewigen Nacht. Sausend jagten wir dahin, hellfunkelnde Feuerstreifen kamen und schwanden. Riesige Glutkugeln blendeten unsren Blick, um bald dem milden Schimmer kleinerer Welten zu weichen. Wenn sich das Auge trunken in der tiefblauen Ferne verlor, so blitzten immer neue Lichter auf und glühten wie Demantsteine, wie Rubin und Karfunkel. Wir lagen auf Satans rothem Mantel, starrten hinaus, die Enden des Tuches flatterten um unsre Ohren — ein Rauschen ging durch den Weltenraum.

Die Blonde saß selten neben mir, sie ist auch jetzt nicht in meiner Nähe.

Ich schreibe in einer kleinen Höhle. Eine Fackel erleuchtet das glänzende Gestein der tiefschwarzen Wände. Der Block, der mir als Tisch dient, besitzt allein eine glatte Fläche. Wand und Decke sind zerklüftet und ohne Kunst zerhauen. Bunte Lappen und Faltentücher wurden als Zierrath an den Stein genagelt. Sie erinnern mich an ferne Pracht, an Engel und Wolken, Schlösser und Sonnen. Das Loch, welches in den Feuerschlund der Hölle führt, ist mit alten Sammetkleidern verhangen. Die zeigen viele Risse, Flicken und bunte Franzen. Ein dicker Aermelrock umhüllt meinen kleinen braunbehaarten Körper, meine Flügel sind hoch aufgerichtet, der lange Katzenschweif ringelt sich zierlich über das weiße Papier bis zu meinem silbernen Tintenfasse hinüber. Die Flamme der Fackel spiegelt sich in den Sternen des Teppichs; die große Bodendecke hat mir mein Vater geschenkt. Sie ist schwarzblau, silberne Kometen, Feuerkugeln prunken zu meinen Füßen. Das Geschenk ist ein Bild des Himmels, ein Andenken an unsre Fahrt.

1

Unserm Vater, dem Satane, verdanken wir das größte Glück unsers Lebens. Er wollte dem Vater des Himmels beweisen, daß auch die Teufel auf den Fluren des Paradieses edel und frei zu leben vermögen und ebenso empfänglich für Schönheit und Farbenzauber sind, wie die Engelscharen. Deswegen soll ich versuchen, unsre Wanderung durch die Lande des Himmels mit Worten darzustellen. Man überwies mir ein eigenes Gemach, das der Höllenmutter verborgen bleiben muß. Die böse Alte brütet über entsetzlichen Plänen. Sie haßt noch immer das Paradies, sie verachtet den Frieden und verhetzt die Teufel mehr denn je. Doch ich — darf das alte Leid vergessen.

Wir waren sieben Teufel, die auf Vaters Mantel durch die Sternennacht des Alls dahinflogen. Unsre Flügel hatten wir eingezogen, warme Sammetkleider schützten uns vor der kalten Luft. Der große Mantel blähte sich, flatterte wie ein Segel, das der Wind gern peitschen mag.

Bohr, ein starkknochiger Dickteufel, hockte zumeist neben der Blonden; er spielte mit ihren goldhellen Locken, und wenn er sich unbelauscht glaubte, so küßte er das gute Kind von der Stirne bis zu den Zehspitzen. Des Mädchens schlanke, schmiegsame Gestalt lehnte sich dann selig an Bohrs Schulter. Sonst schlief er viel, und sobald er eingeschlafen, rief ich die Träumende an. Dick, ein anderer Dickteufel, wurde dadurch oftmals eifersüchtig; er zuckte zwar mir gegenüber die Achseln und verstand nicht, wie ich der Blonden so viel Theilnahme entgegenbringen könnte. Indessen verstellte sich mein Freund, er dachte nicht so, wie er sprach, er liebte die Blonde inniger als ich und fand früher volle Gegenliebe; leider hatte der Bohr den Dick aus der Gunst meiner Freundin verdrängt. Dick that mir leid; er verkehrte feurig mit der Schwarzen, welche Muff liebte. Aber die Schwarze liebte den Muff mehr als dieser sie. Dick war seltsamer Weise auf deren Günstling nicht eifersüchtig; er trug stets ein abgespanntes, kühles Benehmen zur Schau, seine Gedanken behielt er für sich. Ganz anders Muff, unser Musiker, mit dem war ich ein Herz, eine Seele und ein Geist. Er wußte meine Empfindungen zu theilen, und ich fühlte mich oft so gerührt von seiner Rührung, daß ich in überströmender Zärtlichkeit das

Ende seines anmuthigen Schweifes ergriff und die kleinen Haare
an meine Lippen preßte und lange Zeit küßte. Gewöhnlich
kauerten wir stumm in einer Zipfelecke. Die Sterne schienen uns
in allen Farben zu glitzern, wir achteten auf jede Kleinigkeit.
Die ungeheuerlich rasche Fahrt machte, daß sich die Stellung
der großen Himmelssonnen ständig für uns veränderte; fort=
während wurde die eine Welt größer als die andere. Kamen
wir zu einer hellen Nebelmasse, und wurde der milde Lichtschein
umfangreicher und greller, so drückte ich Muffs Hand an
meine Brust.

Die Sternschnuppen bargen für Alle während der ganzen
Reise den sonderbarsten Reiz. Wir konnten den Eindruck dieser
Lichtstreifen nie recht behalten. Kaum jemals waren wir über
ihre Farbe derselben Meinung. Unmuthig dichtete ich:

Harre, blitzender Strahl!
Glänz' in strahlender Pracht
In der unendlichen Nacht!
Doch verweht ist die Spur. —
Den düsterblauen Azur
Fliehen die glühenden Streifen,
Lassen sich nimmer ergreifen.
Sie durchleuchten das Wunderall —
Harre, blitzender Strahl!

Dick meinte, schlecht wären die Verse nicht. Blondchen
wurde durchaus nicht begeistert, sie meinte, da seien zu viel Ge=
danken, Muff hielt die paar Worte nicht für bedeutend. Die
ungetheilteste Bewunderung zollte mir Bohr. Dieser verstand
aber am allerwenigsten von der Dichtkunst. Die alte Hexe, deren
ich noch nicht erwähnt, die uns als unangenehme Beigabe zur
Begleitung und Beaufsichtigung mitgegeben, pflegte sich über
alles Denkbare zu ärgern. Sie hat uns redlich gequält und be=
hauptete trotzdem, uns sehr gewogen zu sein. Ich glaube, sie
meint alles sehr gut, ist aber so dumm, daß sie sich nicht in die
Gefühle der Anderen hineindenken kann. Ich bin zu ihr liebens=
würdig gewesen aus Mitleid, jedoch wir zankten uns öfters;
sie machte mich heftig, was sonst keinem Teufel gelang. Nur
einen Gefallen that mir die Alte. Sie ließ sich durch mein

1*

Bitten bewegen, in eines Ringsternes Nähe die Schnelligkeit des Fluges zu verzögern. Die Zipfel des rothen Mantels stiegen senkrecht in die Höhe, und es kam mir so vor, als würden wir von dem Stern angezogen. Ich mußte die steif emporragende Tuchkante mit Mühe herunterziehen, um sehen zu können. Blondchen stand neben mir. Ihre blauen Augen schauten träumend in die herrliche Welt, die breiten prächtigen Ringe leuchteten mild zu uns herauf; Sicheln und Halbmonde schienen langsam dahinzuschweben; tiefblauer, ewig wolkenloser Himmel wölbte sich um die glänzenden Bogen. Ein paar Sternschnuppen streiften über unsre Köpfe, ein Komet strahlte in der Ferne. Von der dunklen Kugel in der Mitte konnten wir wenig sehen. Nur der Mondenglanz! Diese Ringe!

Sehnenvoller Mondenschimmer!
Liebes, trautes Nachtgeflimmer!
Wonnesames, mildes Leuchten!

Und Muff sah von alle dem nichts. Er küßte die Schwarze und beschäftigte sich emsig mit ihrem dicken Fell. Schwarzes, langes, weiches Haar bedeckt ihren Körper, man versinkt bis zum Ellenbogen darin. Allerdings hat sie nächtig dunkle Augen, eine feine Nase; sie ist üppig schön. Aber der Ringestern dagegen! Es sei vergessen, daß die Schwarze nicht geistreich ist, doch muß ich sagen, daß ich nicht einmal Blondchen eines Blickes würdigte, obgleich sie geistsprühend ist und mit träumerischen Augen zu bezaubern weiß. Ich liebe sie, doch sie ist nicht die Welt, und die Welt ist doch das größte, was wir auf der Welt haben. Ach diese Teufel! Die Blonde war die einzige, welche mit mir hinausstarrte. Dick zankte mit der Alten und warf von Zeit zu Zeit einen forschenden Blick auf den Kometen. Bohr schlief natürlich. Ich küßte Blondchens Schulter und Stirne, ohne sie anzusehen, umschlang ihren zarten Körper und preßte sie an mich. Ich streichelte ihre weiche, mit den feinsten Härchen bedeckte Sammethaut, ich weinte. Ich grüßte jubelnd das weite All. Keinen Blick hatte ich ihm entzogen, ich erschaute, was nur ein Auge zu merken und empfinden vermag. Meine Fackel geht aus, es wird dunkel in meiner Höhle; ich gehe, um sie anzuzünden.

Die bunten Lappen will ich zurückgeschlagen laſſen und weiter ſchreiben bei dem Scheine, welche der Höllenkrater über meine Umgebung verbreitet. Die ſchwarzen Wände glänzen, die Tücher wehen auf und nieder, und im Feuergepraſſel jagen die Flammen, Rauchwolken qualmen dazwiſchen, das flackert und raſchelt, das glüht und brennt, die Funken ſprühen zornig hindurch, und unabläſſig fallen die ſchlechten Weltweſen in die Tiefe. Die Fackel wird ſchon brennen, ich muß ſie holen.

Draußen kann ich einige Stufen hinunterklettern und mich über ein vorſtehendes Felsſtück beugen. Dort ſehe ich den tiefen, tiefen Abgrund, es kocht das Feuer unten, giftige Dämpfe entſteigen dem Fieberkrater. Ueberall ſengende Glut, aber ſo reißend ſchnell lodern die Brandſtröme, daß ich den Sturmzug nicht ertragen kann. Meine Papiere ſind auf die Sternendecke gefallen. Ich ſchließe das Loch.

Fort mit dem grellen Höllenſchein! Meine Sinne gewahren nur den hellen Strahlenglanz allmächtiger Weltſonnen. Ein einziges Mal kamen wir einer leuchtenden Nebelmaſſe ſehr nahe, ſo nahe, daß wir die Augen ſchließen mußten. Die alte Hexe ſteuerte raſch weiter und das Licht verſchwand, obgleich es faſt die Hälfte des Himmels bedeckt hatte. Oefters genoſſen wir den Anblick von Kometenſchweifen. Schwungvoll gebogene Strahlenbüſchel wanden ſich ſtolz durch den Raum. Bei der großartigſten Erſcheinung dieſer Art ſaß ich mit Muff hoch oben in einer Mantelgrube. Er hatte eben der Schwarzen auseinandergeſetzt, daß ſie ihm läſtig ſei. Wir ſprachen über das Summen und Tönen, welches nie verhallen wollte. Muff hörte ja Muſik zu aller Zeit; kein Sang, kein Klang ging ohne Gruß an ſeinem Ohre vorüber. Ich ſuchte die Farbe des Kometen feſtzuhalten — da vergrößerte ſich plötzlich am Himmel ein kleiner Lichtpunkt, wuchs an zu rieſenhafter Geſtalt und ſauſte mit ſchrillen, gellenden Lauten neben unſerem Tuche vorbei. Wir erſchraken. Die Alte hatte die Gefahr verſchuldet, ſie wurde ſehr unwirſch. Ich glaube, auch ſie war von dem Zauber des Himmelbildes befangen worden. Wir redeten Alle über den großen Glutklumpen, bis uns die Ergrimmte mit wüthenden Schimpfreden ſtill machte. Ihre grünen Augen glimmten vor Zorn. Sie ſah ſtarr vor ſich auf einen Fleck, schien keinen Blick in die Weite zu werfen. Das weiße Haar wehte zerzaust um den Schädel der Hexe, der Kinnbart streckte sich nach vorn, ein Grinsen zog über ihr Gesicht. Sie freute sich wieder, daß sie uns geärgert. Die Blonde lag ohnmächtig in der Alten Schooß und wurde von dieser gestreichelt. Glücklicherweise ward die Gute bald wach und kroch zu mir herauf. Muff unterhielt sich mit Dick, der über gelehrte Sachen einen Streit begonnen. Ich hörte zuweilen das Wort „Gesetz"; solche Gespräche langweilten mich. Die Schwarze weinte, Blondchens Auge schimmerte noch etwas feucht, aber nach kurzer Frist vergaß sie den Schreck. Ihre Hand legte sie sanft auf meinen Arm und sagte leise: „Dichter, bist Du mir gut?" Ich lachte vor Freude und flüsterte ihr ins Ohr: „Blondchen, das mußt Du doch schon längst wissen." „Ich weiß nur, daß ich Dir gleichgültig geworden," schmollte sie. Darauf versuchte ich, auseinanderzusetzen, wie natürlich das wäre, wie mein Dichten, Empfinden und Vorstellen alle meine Sinne in Anspruch nähme, plauderte von Farben und Stimmungen und davon, daß ich in ihrer Gegenwart immer die allerschönste Stimmung hätte. Sie that, als fühlte sie sich geschmeichelt, und entgegnete: „Lieber Dichter, wenn meine Nähe Dich glücklich macht, so muß mein Wesen mit dem Deinen inniglich verwandt sein. Und glaube mir, wenn Du wüßtest, wie viele Bilder an meinem Auge vorüberziehen, Du würdest mich für fähig halten, wirklich gute Verse zu machen. Warum kann ich nicht Dichter sein wie Du? Ich weiß nicht, was mir dazu fehlt."

Nun runzelte ich meine Stirn in krause Falten und versetzte: „Mein Schweif fehlt Dir, lieb' Blondchen." „Pfui, Du bist aber," rief sie. Unbeirrt fuhr ich fort: „Die Teufel unterscheiden sich von den Teufelsmädchen durch das Vorhandensein eines langen zierlichen Katzenschwanzes." Sie hielt mir den Mund zu und küßte mich, um gleich wieder ärgerlich scheinen zu können. Hiernach erzählte das Mädchen: „Dennoch glaube ich, daß ich den Dichtern verwandt bin. Schreiben, dichten will ich gar oft, wunderliche Gefühle schildern, sinnvolle Geschichten ausdenken. Dein Schweif ringelt sich voll Anmuth um Dein Bein! laß nicht die Spitze über die Tuchtante gleiten, es

ist kalt in der Welt. — Nicht lachen! — Traurig, daß wir nie
mehr als Unsinn reden. Wir sind uns so selten nahe, doch be=
nutzen wir nie die kurze Frist. Und, weißt Du, gerade zu Dir
mag ich mich am liebsten aussprechen. Ich fürchte mich wie
früher immer noch vor der glatten Schlange, die Ihr besitzt, und
trotzdem träume ich voll Wollust von allen Empfindungen, die
ich durchaus nicht kenne." „Ich bin erstaunt, Du kennst sie
nicht? Ist Bohr damit zufrieden? Ich hielt Euch für anders
geartet." „Nicht wie die Anderen bin ich und auch nicht eine
Feindin der Lust, nur schrecklich zaghaft, scheu und furchtsam.
Bohr vergeht vor Leidenschaft, deswegen schläft er mehr als wir.
Wie glücklich wäre ich an Deiner Seite, Du würdest nur von
mir verlangen, was ich Dir gern gebe. Ich empfinde unsägliche
Zärtlichkeit für Dich, ich denke mit großer Liebe an Dich und
Deine Worte. Dichter, Du bist mein einziger Freund, nicht ein
Trieb führt uns zusammen, sondern reine Geistesverwandtschaft."
Ich fragte sie: „Sind das Freunde, die sich so selten sehen
und sprechen können? Nur dieselben Ziele und Neigungen ver=
binden zwei Wesen." Blondchen rief erregt: „Gewiß, die sind
ja da. Ich liebe, was Du liebst, und deshalb mußt Du mich
lieben, wie ich Dich liebe." Ich riß sie an meine Brust, die
Blonde dünkte mir das reizendste Kind der Welt. Was war
Kometenglanz und Sternschnuppen ihrem Auge gegenüber! Das
ist blau, ihr Haar fällt in blonden Ringeln um Schulter und
Hals. Keine andere Teufelin hat hübschere Locken. Zuletzt
wollte ich wissen, ob sie mich lieber hätte als Bohr. Da sagte
sie, jene Liebe zu ihm wäre ganz etwas anderes. Bohr er=
wachte, Blondchen mußte fortrutschen. Um uns den Abschied
leichter zu machen, versuchten wir zu glauben, daß wir in der
Einsamkeit besser dichten könnten. So lange plauderten wir
davon, bis wir uns ohne Schmerz trennten.

Ich erhob mich von meinem Sitz, wiederum stand ich
allein. Der matte Schimmer der Sterne vermochte wenig zu
erhellen. Eine dunkle Nacht füllte mit ihren Schauern die un=
endlichen Himmelsräume. Die Teufel schliefen, nur die Blonde
und Bohr küßten sich von Zeit zu Zeit. Der arme Geliebte
that mir nun fast leid. Ich besaß Blondchens Herz, und er

weder Leib noch Herz. Zwar hielt ich die Herzlichkeit der Beiden
für Pflichtliebe, trotzdem drangen mir dennoch die Küsse, die ich
hören mußte, wie Nadelspitzen ins Ohr. Das Paar lebte noch
nicht lange zusammen, sie vertrugen sich schlecht, er behandelte sie
nicht artig, und sie liebte ihn. Blondchen erklärte mir allerdings
ihre Liebe, sie stand am Anfange mit Dick im innigsten Verkehr
und mit mir späterhin ebenfalls, leider nicht lange und zum
Theil nur aus Freundschaft, indessen die Leidenschaft blieb uns
nicht völlig fremd. Die Blonde war unbedacht und offen und
wohl gerade deshalb gern bereit, durch ein paar Lügen ihre
Offenheit wieder in Frage zu stellen. Schlimmer Weise klangen
ihre Geschichten, die nur von eigenen Erlebnissen handelten, so
sonderbar, daß man leicht alles für unwahr oder eingebildet er=
klären mochte. Aber Lügen ist schwer. Lügen heißt Dichten.
Ob Blondchen damals dem Bohr etwas vorlog oder mir?
Ich lag auf dem Rücken und konnte nicht müde werden, mit
den Augen den schwarzen Himmel zu durchdringen.

Was kümmerte den Dichterteufel
Der dumme Liebeszweifel?

Ich dachte nichts, als was ich sah, und ich erblickte fort=
während neue Welten, glänzende Punkte, Nebelflecke. Die
Stellung der Sterne schien wieder vollständig verändert, wir
mußten schon lange gefahren sein. Es wurde still um uns her,
ich hörte keinen Laut. Wie glücklich fühlte ich mich, wenn ich
fern allen Freunden träumen und sinnen durfte, wie mir be=
liebte. Kein Summen ertönte, Vaters Mantel schwebte matter,
langsamer durch die Sternenkränze. Wundersame Welt! Dich
darf ich sorgenlos bewundern. Jetzt prunkst Du mir zu Füßen
als Teppich. Sinnbild meiner Weltenfahrt, trage mich aufs
neue hinaus! Hier in meiner Höhle ist es auch still, nur die Flamme
der Fackel flackert und knistert. Mir ist wieder, als führen wir
zum Paradies. Die bunten Lappen, die an den Stein genagelt,
sind die Kleiderreste der Fahrtgenossen. Ich denke mir die zer=
rissenen Flicke tadellos zurecht genäht und schmiege sie den lieben,
alten Gestalten um die Schulter. Meine Freunde sind mir noch
näher denn damals, wie ich in schwarzen Sammet gekleidet in
meiner Zipfelecke hockte und nach den Anderen hinaufschaute.

Dort oben in der tiefsten Grube des Mantels liegt die Schwarze. Ein ziegelrothes Seidengewand mit Goldstreifen hängt lässig auf ihren Gliedern. Die Hüften ihres dunklen Körpers umgürtet eine blauseidene, mit Edelsteinen besäete Schärpe. Ein silber= weißer Schleier umschlingt ihre zottigen Haare. Die schönen, feinen Züge des glatten, schwarzen Gesichtes verrathen nichts von ihrem Leben und Denken. Die dunklen Augen sind geschlossen, sie schläft. Der krause Lockenkopf meines lieben Muff ruht auf den dicken Beinen seiner Geliebten. Mein Freund hat sein pur= purnes Sammetkleid fest um die Schultern gezogen und — schläft auch. Die Alte starrt unbeweglich in die Weite. Graue Lappen sind straff um ihren Leib geschnallt. Die gelben ein= gefallenen Wangen, das weiße Haar, die kahle Stirne geben dem Schädel das Ansehen eines Todtenkopfes. Nur die tief= liegenden grünen Augen sind lebendig. Ihr zur Seite schlummert Dick, die Arme hat er als Kissen unter dem Nacken gekreuzt. Sein gelber Aermelrock ist aufgeschlagen. Erhitzende Träume scheinen den Frost aus seiner Umgebung zu verscheuchen. Ich sehe das regelmäßige Gesicht, es ähnt ein wenig dem der Schwarzen, doch Dicks Körper ist schwächlich. Seine Beine be= wegen sich oft, er träumt wohl sehr unruhig. Ob er der Blonden gedenkt? Die ruht in Bohrs Armen, ich erblicke eines ihrer Beine, die von einer rosaseidenen Hose erwärmt werden; über die Kniee fällt ein Spitzengewebe herab, eine silberne, schwere Schärpe hält das Beinkleid unter dem Busen fest. Dieser aber steckt in einem hellgrauen Wollpelz. Den schönen Arm kenne ich, die blondgelben Härchen sind da so fein, kaum sichtbar. Der dünne, faltenreiche Mantel verbirgt nur noch das Schulterblatt, er wird gleich völlig zurückgleiten. Olivfarbene Schleifen und Sammetstreifen schmücken den Saum des gelbbräunlichen Ge= webes. Bohrs mächtige Gestalt ist in grobbraunes Zeug ge= wickelt, Blondchen hat ihm einen blauseidenen Strick geschenkt, den er um die Lende gewunden. Bohrs kräftiger, geschmeidiger Gliederbau vereint in sich Anmuth und Stärke. Jeder Stoff wirft schwungvolle Falten auf seinem Körper. Das Gesicht ist behaart und durchaus nicht hübsch, etwas stumpf, aber roh und wild, und dabei schwach seiner Liebe gegenüber. Mit allem

Trotzen verstand er nicht, die Blonde zahm zu machen. Eigenwillig sind sie beide. Das launige Kind sagte mir, daß sie die Teufelsschlange nicht kennt, sie wollte sagen, sie hätte keine Vorstellung von der Befriedigung teuflischer Liebesqualen. Ob das wohl denkbar ist? Du lieber Himmel, was sie nicht weiß, macht sie nicht heiß. Indessen Schweißbewegung nicht kennen! Muff und die Schwarze sind niemals schüchtern gewesen. Da vergesse ich eines, die Schwarze besitzt derartig langes Leibhaar, daß man annehmen könnte, die Schlange verlöre sich in diesem und nicht in dem, was unter jenem sitzt. Immerhin kann die Blonde unberührt sein, ich will es glauben.

Ich fühle mich einsam, alles schläft, wenn ich hinunterschaue, weit den Kopf über die Mantelkante stecke, dann erspähe ich nur Sterne und immer wieder Sterne. Zwei Kometenschweife winden sich dort unten kreuzweise über einander. Was das wohl heißen soll? Droben zucken Sternschnuppen, es ist eine wunderliche Nacht. In Wahrheit freue ich mich, daß die Blonde nicht neben mir weilt. Sie würde mich diesen Frieden nicht genügend genießen lassen, und ich könnte mein Auge nicht so ausschließlich mit Bildern und Farben entzücken wie jetzt. Die Einsamkeit ist der Dichtkunst sehr gut. Und hier in meiner Höhle bin ich ebenfalls allein. O das ist schön! Ich hatte mich ganz in der Vergangenheit verloren und das bereitete mir selige Freude. Wäre die gute Freundin in der Nähe, sie würde mich gestört haben. Sie wollte oft an meiner Seite dichten — es ist besser, daß wir getrennt wurden. Allein kann ich stets eben so selig werden, wie ich es in ihrer Gesellschaft zuweilen war.

Damals, als ich meine Gefährten beobachtet, bin ich wohl allmählich eingeschlummert. Da blieben denn die Sterne allein.

Bald ward die Welt ringsum heller und heller, uns erweckte der Schein. Die Alte lärmte, gab Bohr einen Stoß mit dem Fuße, sie fluchte, daß er noch nicht das Kohlenfeuer angezündet. Ich nickte der Hexe zu, leider beachtete sie mich nicht. Den langen Schlauch holte sie hervor, erwärmte ihn an Bohrs Kohlenfeuer, und dann mußten wir unsern Kopf an ihren Schooß lehnen, jeder Teufel bekam vom Lebenswasser ein paar Tropfen und empfand vergnügte Seligkeit. Oftmals bin ich auf den

Gedanken verfallen, den Trank der bösen Alten zu rauben, um Macht über die anderen zu erlangen, Bohr zu quälen — doch warum?

Sternenglanz wurde schwächer, in der Ferne schimmerte duftig ein Streifen Nebellicht. Lichter Glanz, sonniger, wärmer winkte da drüben. Feuriger Schein strahlte durch bunte, blitzende Leuchtebogen, in den Lüften rauschten Klänge so wonnig, thauige Düfte zogen vorüber — neue Gefühle bewegten, verzückten uns. Wohlgeruch, Himmelsmusik, Glitzerschein, Farbenmeere schäumten um meine Sinne. Die Sterne sah ich verlöschen und das Welt= all in tief satte Glut getaucht. Wonniger, seliger, trunken schweben wir Gottes Landen entgegen. O, das Paradies muß nahen, ich erblinde —

> Himmelsgluth umströme
> Brennend, sinnvernichtend
>   Meine Welt!
> Wunderschwingen hebet rauschend
> All mein Sehnen, meine Träume
> In das Reich der Herrlichkeit!
> Schaukelt mich in süßen Schlaf!
>   Ewig selig will ich sein!

Wo bin ich? Von allen Seiten umgeben mich hohe, sehr hohe Gräser und Halme. Die Wipfel mit ihren Dolden wiegen sich leise im lauen Winde. Dort oben die Luft strahlt in mattgelbem Lichte. Mein schwarzer Mantel ist fort. Empor will ich fliegen, meine Fittige sind kräftig. Schon bin ich oben, Hügel sehe ich mit üppigen Aehren und Blumen. In der Ferne steigt ein violetter Hauch in den Himmel. Das sind paradiesische Fluren, das ist das Land meiner Träume!

„Dichterteufel, da bist Du ja!" Bohrs Stimme rief mich, er verläßt auch sein Rohrnest und gesellt sich zu mir. Wir sind glücklich.

Schilfgelispel schwebt in Düften
In den weichen Hügelklüften,
Bunter Böglein muntre Schar
Lichter Sonnen Glanz gebar.
Wonnbefangen fliegen wir
Durch die weiten Lustgefilde —
Prunkviolette Nebelgebilde
Heben sich wunderlich vor uns auf.

Ueber einer Anhöhe blickten wir umher. Ich schaute trunken in die Weite, Bohrs Augen schweiften von Thal zu Thal; er suchte die Anderen. Da bemerkte ich zufällig einen der Unseren über einen Sumpf flattern. Wir erkannten Blondchen. Die Aengstliche jubelte freudig auf uns zu, umarmte Bohr und mich und wußte garnicht, was sie sagen sollte. Wir nahmen das Mädchen in unsre Mitte und wiegten uns glückselig weiter. Später begegneten wir dem Muff mit der Schwarzen, Dick folgte ihnen. Das Wiedersehen war laut und stürmisch. Dick erzählte, daß die Alte uns im nächsten Palmenhain erwarten wolle. Sie

hatte unfre Mäntel mitgenommen. Die Schwarze befaß noch
ihre blitzende, blaue Schärpe, Blondchen ihr rofafeiden Beinkleid.
Die rofige Seide hob fich feltfam von den violetten Wolfen ab.
Wir wurden ftiller. Dick übernahm die Führung. Unfre Blicke
wanderten von Berg zu Berg, aus den Schilfgründen auf die
blumigen Wiefen der welligen Auen. Rofenbüfche hingen an
den Abhängen, Beeren und Blüthen von allen Farben und
Formen. Weiße, gelbe, blaue Blumen lugten aus dem grünen
Grafe, und in buntem Wechfel zogen hohe Schilfgewächfe,
fandige Fluren und reich überwachfene Triften unter uns fort.
Der Himmel ftrahlte in hellem Gelb, die violetten Wolfen fanken
tiefer. Die reizende Böfchung, der wir zufteuerten, umkrönte ein
herrlicher Palmenhain, in deffen Schatten wir uns lagerten.
Voll Wonne legten wir unfre Köpfe auf duftende Pflanzenbüfchel
und betrachteten durch die Fächergipfel die fonnige Welt. Wir erwarteten die Alte, das heißt, wir hofften, daß fie uns länger
allein laffen würde. Blondchen ruhte unter einem Rofenftrauche.
Die Zweige verbargen ihr Geficht. Sie warf nach uns mit
kleinen Knospen, Bohr ärgerte fich darüber. Das fonft fo fitt-
fame Kind ftreckte übermüthig ihren Körper in wollüftige Lagen.
Ich machte fie auf taufend Schönheiten aufmerkfam, fie lachte
nur und ftieß mich mit dem Fuße. Ich ärgerte mich auch.
Hoch in den Lüften fummte, furrte der Wind, die Schatten der
Palmen bewegten fich am Boden hin und her. Die grünen,
fächerartigen Blätter fchwankten im gelben Himmelslichte.

Ich beobachtete wieder die Schatten und fah, wie fich neben
den dunkleren Stellen eine Anzahl hellere befanden, die fich alle
fchoben und drückten, als hätten fie nicht Platz zu unfern Füßen.
Das Licht müffe von verfchiedenen Seiten kommen, bemerkte Dick.
Er fprach noch mehr darüber. Muff kam während feiner Rede
mit Trauben herbei. Er hatte einige gegeffen und pries ihren
Gefchmack in übertriebenen Worten. Dick beendete zunächft feinen
Vortrag über Lichter und Strahlenbeugung und wandte fich
dann den Beeren zu. „Das ift Wein," fagte er mit überlegener
Miene. Er aß davon, wir aßen gleichfalls, bis Dick den Vor-
fchlag machte, die Trauben auszupreffen und ihren Saft zu trinken.
Ich dachte fofort, daß wir jetzt das Lebenswaffer entbehren

könnten. Schalen von großen Nüssen dienten als Trinkgefäße.
Der Wein schmeckte trefflich und machte uns ausgelassen, fast
wild. Blondchen schien garnicht zu bändigen. Ich wollte mich
am Anfange nicht von der Landschaft trennen, trotzdem gesellte
ich mich sehr bald zu den Freunden, neckte sie, schrie, lärmte
mit Allen und war am Ende der Schlimmste. Ich begann eine
Balgerei, Bohr packte mich an den Füßen und schleppte mich
sitzend davon. Wäre die Alte nicht gekommen, so hätten meine
Flügel argen Schaden gelitten. Das Geschrei der Here klang
allerdings noch wüster als unser Treiben, sie fluchte, schimpfte
und verdammte uns, sie raste vor Wuth, daß wir uns nicht
ärgerten. Zuletzt thaten wir zum Spaße sehr böse, aber bedrückt
zugleich und eingeschüchtert, setzten uns still hin. Das beruhigte
sie. Wir sollten uns dann niederlegen und schlafen. Ich träumte
unsinniges Zeug.

Als wir erwachten, schauten wir uns traurig an. Mir
schien das Paradies garnicht mehr so schön. Weiter fliegen
mußten wir. Mich vergnügten die bunten Schmetterlinge und
die leuchtenden Käfer; ich machte auf alles Gethier Jagd. Vogel=
schwärme raschelten vorüber. Ihr buntes Gefieder glitzerte, sie
stiegen immer höher, und wir folgten ihnen. Wir nahten rosigen
Wolken, das Vogelvolk kreiste vor uns her. Das war ein
Zwitschern und Pfeifen! Doch weder Vögel noch Käfer ver=
stauden wir zu fangen, selbst die langsamen Schmetterlinge mit
ihren Sammetflüglein entschlüpften. Die violetten Wolken wurden
röthlich und wirbelten rauchartig zu den gelben Himmelshöhen.
Wir erspähten einen kleinen Wald mitten im wildesten Gestrüpp.
Auf einem großen, dunklen Baume ließen wir uns nieder, wir
schaukelten in den Zweigen und spielten mit goldgelben Vögeln,
welche die Blonde Goldliebchen nannte. Da brach die Schwarze
mit dem Aste durch, auf dem sie saß, und sie flatterte hinunter.
Wir blickten ihr nach und bemerkten, wie fünf bis sechs kleine
Engel mit bunt schillernden Flügelchen davouliefen. Sie weinen
und klagen und sehen sich furchtsam um. Die Blonde jagt hinter
ihnen her, ich folge ihr, und bald haben wir einen Engel er=
griffen. Ich faßte ihn am Arme, doch schreiend wand er sich
los und flüchtete zu Blondchen. „Laß mich sein," rief er in

höchster Angst. Wir brachten ihn unter die nächste Palme, um mit ihm zu spielen. War der Kleine aber dumm! Feuchte, blaue Augen hatte er, einen braunen Lockenkopf, weiche, feine Haut, ein Stumpfnäschen und dicke, rothe Backen. Die Blonde nahm den Kleinen auf den Schoß, küßte, herzte ihn und strich ihm die Haare aus der Stirn. Er lächelte freundlich. Von mir wollte er leider nichts wissen, er fürchtete sich. Die Schwarze hatte ihm den größten Schreck eingeflößt. Muff und Bohr kamen mit drei anderen Engeln zurück. Jedoch nun begann erst das Weinen und Wehrufen. Als wir uns lange vergeblich mit ihnen abgegeben, ließen wir sie laufen und bedauerten die Dummen. Wir sollten viel mehr Engel sehen. Bald schien unser Dasein im Paradiese bekannt. Und auf einem großen Hügel, den un= zählige, bunte Blumen und mächtige Blattpflanzen überwucherten, versammelten sich die hübschen Engelkinder. Der große Haufe hielt uns Stand. Ihre Anzahl machte sie muthiger. Sie klatschten vergnügt in die Hände. Schlingpflanzen hatten sie um Hals und Brust gewunden, Knospenkränze in den Krauskopf gedrückt, Palmenwedel schwangen sie vor sich her, lachten und stießen sich kichernd an. Wie sie so mit dem Finger auf uns zeigten, wurden wir verlegen. Sie wollten uns garnicht die Hand geben, einige weinten wieder. Die meisten scharten sich um Blondchen.

> Unter bunte Blumenglöckchen,
> In die Büsche, hinter die Sträuche
> Kriechen die Kleinen verstohlen fort;
> Lachen aber, wenn wir grüßen
> Und vertraulich nicken wollen.
> Blütentraute Engelschar,
> Heiß' uns doch willkommen!

Und sie versöhnten sich mit den Teufeln. Ich fragte die Guten, was wir ihnen gethan. Einer steckte den Zeigefinger in den Mund, ein Zweiter kraute hinter den Ohren, ein Dritter setzte sich auf den Rasen und pflückte Beeren. Zuletzt wies ein Dickengel auf meinen Schweif und fragte: „Was haft Du da?" Ich wollte ihm das erklären, aber er rief gleich: „Komm', wir wollen spielen." Er faßte meine Hand und flog um den Berg herum. Neben versteckten Fußpfaden befanden sich kleine Lauben mit Moosbänken, davor beschatteten große Blätter liebliche Blumenbeete, bunte Steine und allerlei Tand. Ueberall flüsternde Gruppen. Die Jungen thaten so schlau, daß ich recht lachen mußte. Ich traf Blondchen in einer der Lauben. Sie sprach ernst und gütig zu einem schlanken Knaben. Sie verrieth ihm, daß wir zu Gottvater wollten. Bei diesem Worte sank der Engel auf ein Knie und faltete die Händchen. Blondchen war gerührt, er aber blickte ihr groß in• die Augen, flüsterte: „Warum kniest Du nicht?" Sie kniete nieder und ich mit ihr. Säuselnde Winde umwehten uns mit ihren Rosendüften. Die Schatten der Blätter fielen dunkler auf unser Haupt. „Wir wollen Euch führen," stammelte verwirrt das gute Engelkind. Der kleine Dickkopf meinte: „Ich komm' mit," und fort ging es zu der alten Hexe. Nach kurzer Rast flatterten wir in der Engel Mitte weiter über die Haide. Die Lüfte bewegten sich, die farbigen Flüglein schimmerten, wir wurden mit Knospen und Laubranken geschmückt und jubelnd in die Höhe gezogen. Wie die Kleinen jetzt die Schwarze anfaßten! Die Hände schlugen sie über dem Köpfchen zusammen — die zottigen Haare waren ja länger als ein Engelbein.

Schelmgesicht und Neckehändchen
Mit den grünen Zweigebändchen
Plagten uns mit Uebermuth —
Alle waren uns sehr gut.

Es gab lustige Augenblicke, das Lachen, Greifen, Necken und Spielen nahm kein Ende. Im besonderen entzückte mich der Liebreiz der Blonden, ein Schwarm munterer Buben umkreiste sie. Nicht müde konnte sie werden, die Ausgelassenen zu erfreuen, auf ihre Einfälle und Launen einzugehen. Bohr berauschte sich an der weichen Anmuth ihrer Bewegungen, ich selbst verlor sie nie aus dem Auge. Wieder packte mich die alte Liebe zu ihr, ich hätte ihr jeden Wunsch erfüllt. Heftiger Groll rüttelte mich, ich begann, diesen Bohr zu hassen. Kaum achtete ich, wie der Himmel rosiger wurde, bis später ein Purpurschein über ihn ausgegossen schien. Unten waren die Hügel zu sanft ansteigenden Bergen geworden, wir bemerkten größere Engel mit mächtigen

weißen Flügeln. Die feinen hellen Gewänder glänzten. Wir
weilten hier im Reiche der Cherubime. Ueppige Waldungen
zogen sich weit über Tiefen und Höhen. An den Bäumen hingen
schwere gelbe Rosen, die Fluren umbettete weißer Blüthenregen.
Die Blumenwälder umkränzten einen großen See. Glühendes
Purpurroth füllte die Wasser. Schwäne gleiten durch die
Schilfgewächse, sammetschwarze Glockenblumen wiegen sich am
Ufer. Wir ruhen auf den weißen Blüthen von dem langen
Fluge aus. Ein kühler Wind wehte von den gegenüberliegenden
Bergen, auf denen lagerten graue und fast schwarze Wolken.
Durch die Blätter und Knospen der gelben Rosenbäume leuchtete
der rothe Himmel.

Vier Cherubime schritten uns entgegen. Sie führten ein
paar kleine Engel an der Hand und grüßten mit mildem Lächeln.
„Dieser hier wird Euch weitergeleiten, wir Anderen werden zu
den Erzengeln gehen und für Euch sprechen." So redete der
Größte von ihnen. Ehrerbietig traten wir vor ihm zurück, Blond=
chen reichte die Hand, die Alte saß weit ab auf einem Steine.
Darauf umschlangen sich die drei älteren Cherubime und schwebten
über die Purpurfluthen zu den bläulichen Bergen. Der jugend=
lich herrliche Gottesbote, der bei uns blieb, schaute noch lange
seinen Freunden nach, bis ihn Blondchens Blicke trafen.

Die Kleinen sollten sich nun von uns verabschieden, aber
das wollten sie nicht, sie baten so lange, bis ihnen erlaubt wurde,
noch einmal, zum letzten Male mit uns zu spielen. Sie be=
schlossen, ein großes Badefest zu feiern.

Mit Jubelruf ohne Zagen rannten die vergnügten Kinder
in den See. Wir wurden mitgerissen, die laue Wasserwelt
spülte plätschernd um unsere Beine. Wir schwammen zu den Schwänen.

Wogenschwall umschäumte uns,
Engeljauchzen zog voran,
Schwanenhälse dehnten sich,
Lustgespiele zu begrüßen.

Wellenzauber uns umfing,
Purpurringe schwellten fort,
Warm umhüpften unsere Busen
Lieblich weiche Kosefluthen.

2

Die lichte Gestalt des Cherubims stand am Ufer und blickte freundlich gut zu uns hinab. Ein stilles Lächeln schwebte um seine Lippen. Die großen, braunen Augen schienen nachzusinnen. Nie hatte ich so schöne Züge gesehen. Die feine weiße Haut überhauchte zartes Roth, die langen, blonden Locken dünkten mir noch schöner als Blondchens Haare. Er schaute nach jener aus und bemerkte, wie lüstern sie die Glieder in dem klaren Wasser bewegte. Bohr näherte sich der Trauten, zog sie an sich und preßte sie plötzlich mit furchtbarer Wuth an seinen Körper. Blondchens Lippen erblaßten und ich eilte auf Beide zu. Gierig griff ich meinem Feinde in die kurzen Haupthaare, meinen ganzen Haß wollte ich austoben lassen. Doch der borstige Schädel war zu kurz geschoren. Der wilde Teufel besaß mehr Kräfte denn ich, und nach kurzem Kampfe stieß er mich in die Tiefe, ich fühlte seine Faust an Kopf, Nacken und Brust, wollte schreien, packte seinen Schweif und hätte ihn zerrissen, wäre ich nicht sinnlos geworden.

Als ich auf der Oberfläche des Sees erwachte, saßen die Kleinen am Strande, sie nahmen den Schwänen die Zügel aus Schlinggewächsen vom Schnabel ab und küßten die Hälse der schönen Thiere. Der Cherubim stand ernst, unbeweglich wie vorher. Niemand beachtete mich. Die Alte grinste, und Blond=chens Augenlider hatten Thränen geröthet. Die kleinen Engel reichten uns traurig die nassen Händchen, Blondchen streichelte zerstreut die Locken der Kinder. Der Cherubim breitete seine Flügel aus und flog langsam zu den blauen Bergen. Wir folgten ihm, seine weißen Gewänder warfen feine Falten. Er hatte den Kopf geneigt und die rechte Hand an die Stirne ge=drückt. Die zurückgebliebene Schaar verbeugte sich zierlich und winkte, schrie und jubelte.

Einsam flatterte ich den Uebrigen nach, ich sagte, daß ich allein sein möchte. Die dichterische Behandlung des Purpursees beschäftigte mich, zum mindesten bestätigten das meine Worte. Ich fühlte noch die Schläge, verfluchte grimmig meine schwachen Fäuste, redete mir aber ein, mein Aerger läge in den Purpur=wellen, die ich mit Worten malen wollte. Ich verbiß mich völlig in dem reizenden Badefeste und suchte mit knirschenden Zähnen nach Sätzen und Lauten für Farben, Blumen und Wolken. Ich sah nichts mehr vom Paradiese, mein Auge empfand das Erschaute, um das Gefühlte zu verbannen. Ich verachtete mich meiner dichterischen Schwäche wegen.

> Ob der Worte süßer Hauch
> Himmelsfeuer athmen kann?
> Dummer Tonschwall, leeres Wort,
> Farblos ödes Satzgefüge! —
> Höchste Kunst ist nur die Lüge,
> Die mit Lächelmund besagt,
> Daß Dir selbst Dein Werk behagt.

Alles ging nicht, ich verzweifelte an mir, an meiner Fähigkeit, an meiner Sprache, verhöhnte mich und gebärdete mich lächerlich, weil ich nicht konnte, was ich wollte. Ein Dichterteufel ist kein Gott — die Ueberzeugung brachte mich zur Raserei. Den Himmel erfassen, begreifen — das war mein Lebensziel, und die Worte kommen nicht, ich kann nicht neue bilden. „Muff, trauter Freund, findest Du Weisen und Klänge für gelbe Rosen, brennend Roth, für schwarze Wolken und weißen Blüthenteppich?" Er suchte mich zu trösten, „Du bist kein Maler," versetzte er lachend.

„Ha, ich will es sein, ich glaube einmal an meine Sprache, sie kann alles sagen, alles ausdrücken. Doch ich bin zu schwach, das vernichtet mich. Ich will nicht länger leben. Ich kann nicht weniger sein, als ich will." In Schweigen versank ich. Bald wurde mir klar, daß all den Aerger Bohr verschuldet. Diese Erkenntniß trieb mir die Scham ins Gesicht. Ich war geschlagen, o die Stimmung vergess' ich nie — nie!

Zwischen den schwarzen Wolken strahlten nun goldige Streifen, den rosenfarbigen Himmel umwogten matt erhellte Nebelmassen. Vor uns schwebte der Cherubim, sein weißes Gewand rauschte immer höher. Die röthlichen Wolken verloren sich mit Schattenspielen in der Tiefe. Wir sahen bald nichts mehr, als wunderbare Luftgebilde; kleine Regenschauer verhüllten öfters die Aussicht. Goldiger wurden die fernen seltsamen Streifen; wir glaubten, Schlangen und Ungethüme trügen Ballen und Berge durch das lichte Duftgedränge. Bunter Gaukelglanz

2*

hauchte fleckige mit Zauberschweifen umzündete Rauchwirbel über das Glutenmeer der seligen Himmelswelt. Engelscharen zogen vorbei, durchsichtige lange Kleider mit zartem Farbenton schmiegten sich lässig an ihre Glieder. Große freundliche Augen schauten erstaunt auf den wunderlichen Teufelzug. Auch weibliche Engel bemerkte ich: deren leichte Hülle ließ die weichen Formen berückend durchschimmern. Keine haftige Bewegung störte die feierliche Ruhe.

> Klarer, ungetrübter Friede
> Schwelgte selig, sturmvergessen
> Um die hehre Himmelsschar.
> Lange, golddurchwellte Locken
> Fielen ringelnd auf das weiße,
> Schneeig weiche Flügelpaar.
> Ewig reine Gottesfreude
> Bebte süß wie Blüthenhauch
> Durch die weite Wonneflur.
> Armer Teufel wilde Wut —
> Ahnte kaum dies Wunderglück.

Der Cherubim wandte sich zu Blondchen. Er fragte, ob sie ermüdet wäre. „Ja, etwas,“ sagte sie. Beide blickten sich lange an, dann flog der Engel zur Tiefe.

Allmählich verbreitete sich ein grünlicher Duft, die grauen Wolken umreisten blitzende Ränder, die wie Silber glänzten. Das Grün empfing saftigere Leuchtkraft. Größere Silbermassen stiegen nach oben, und unter uns lag ein See, der in prächtiges Smaragdgrün gebadet war. Ein entzückender Anblick! Durch die Thäler der zerklüfteten Berge rieselten Quellen und Bäche; brausend stürzte ein Wasserfall durch steinige Zackenthäler. Ihm gegenüber ließen wir uns nieder.

Da trat aus einer Moosgrotte ein schöner Greis hervor. Sein braunes Gewand warf steife Falten. Unser Führer ging mit ihm weiter fort von uns; beide sprachen leise.

Wir erfreuten uns an der thaufrischen Gegend. Auf den höheren Bergen standen dunkle Tannen, am Ufer wuchsen mächtige Farrnkräuter und Blattgewächse, Blumen gab es dort nicht. Moos bedeckte den Boden. Graue, grüne, gelbe Arten wucherten in Menge, alle klein und von eckig niedlicher Form. Korallen und Muscheln lagen unter und neben ihnen. Farbiges Gestein hing an den Abhängen. Eidechsen und naß schillernde Schlangen versteckten sich eilig, wenn wir uns nähern wollten. Der Cherubim schwebte auf den See hinaus, seine Gewänder streiften das Wasser, der rauschende Gießbach schien das Ziel seines Fluges. Der Alte lächelte und wandelte langsam zu seiner Grotte. Blondchen und Bohr saßen Hand in Hand am Ufer.

„Lieben sich die beiden Teufel?" fragte mich der Eremit. „Ich weiß nicht," erwiderte ich hastig. Die Schwarze lehnte sich an meine Schulter. Ich nahm eine weiße Blüthe aus deren Haaren und fuhr ruhig fort: „Wir kennen die Namen der Blumen noch garnicht, weißt Du, wie diese heißt?" „Wir nennen sie Lilie." Lächelnd erzählte er von allen möglichen Pflanzen und ich lernte viele Namen. Dann wollte ich wissen, ob er immer allein sei. Er wurde ernst und sprach:

„Jedem wird im Paradiese das gegeben, was er wünscht und was ihn glücklich machen kann."

„Aber wenn Jemand wünschen würde, garnicht zu leben, könnte er dann sterben?"

„Dann müßte derselbe Wünsche haben, die unerfüllbar sind."

„Aber jeder soll doch haben, was er wünscht."

„Nur das, was ihn glücklich macht, soll Jeder haben."

„Wenn er nun aber nicht glücklich zu machen ist —"

„Dann kann er überhaupt nicht zu uns kommen."

Ich war gereizt, böser Unmuth plagte mich. Der Eremit äußerte nach einer Weile: „Du, kleiner Teufel, weißt wohl garnicht, was Du willst."

„Ich will meinen Unmuth los sein, Du bist so freundlich und gut, und doch fühle ich mich nicht wohl. Alles ist herrlich hier, es gefällt mir alles, nur ich gefalle mir nicht. Ich will zufrieden mit mir werden. Du kannst mich gesund machen, bitte thu' es."

Der Eremit ergriff meine Hand; ernst, sehr ernst klangen seine Worte.

„Glücklich will jedes Wesen sein. Niemand kann mehr

wollen. Begierden, schlechte Wünsche sind es, welche Dich un=
glücklich machen. Etwas Unerfüllbares wollen, heißt unglücklich
sein wollen."

„Und doch will ich das Unmögliche, und gerade, weil ich
es will, war ich so oft glücklich."

„Oft warst Du es, aber nicht ewig, hier herrscht ewige
Freude, ewiger Friede, was den stört, muß hinaus, fort von
unsern Gefilden. Sieh, es giebt so vieles, was so leicht zu er=
reichen ist. Warum greifst Du ins Leere, um dort die Fülle zu
haben?" Er lachte.

„Warte, da will ich Dir von unsern Wonnen erzählen,
das wird Dich ruhiger machen. Zu Gottvater fliegt ihr, viel
werdet ihr schauen und anstaunen, zu verstehen und genießen
suchen. Einsamkeit umgiebt mich. Wenn ich allein bin, so
empfinde ich alle Dinge, die ich sehen kann, viel tiefer. Ewiger
Friede ist in meine Brust gekehrt. Ich bedarf keiner Gesellschaft.
Hier bemerke ich alle Farben, in denen unser Himmel erglänzt.
Kühle Schattenruhe gewährt mir meine Grotte, mein stilles Haus
da drüben. So leben viele in diesen Bergen. Schweben die
Engelscharen vorüber, so grüßen sie freundlich zu uns hernieder.
Es wächst in der Nähe eine Pflanze, die getrocknet in Brand
gesteckt wird, und deren Rauchwolken wir einziehen und durch
Mund und Nase wieder wegblasen. Bücher schreiben wir,
Bücher lesen wir. Traubensaft erquickt uns und ohne Qual
vergeht die Zeit, die uns niemals lang wird! Wir können uns
auch zu den andern gesellen, aber das thun wir selten. Wie
selig bin ich in dieser abgeschlossenen Welt! Träume, reizende
Sinngebilde umgaukeln mich. Lustige Geschichten schreibe ich
auf und träume immer wieder — ich bin zufrieden. Wilde
Gier stört mich nicht."

„Vergieb, ich träume und dichte auch, aber heftige Qual
packt mich. O, ich verfluche meine Schwäche, mich selbst, meine
Gedichte, alles — alles. Mein Auge genügt mir nicht, die
Sprache will mir nicht reich genug erscheinen, alles zu sagen,
was ich fühle. Ich verzehre mich in meinem Schaffen, das
kennt keine faule Gemüthlichkeit."

„Sei nicht grob! Glaubst Du, es gäbe nicht größere

Künstler wie mich? Nicht Jeder schafft sich der Art sein Glück, wie ich es that. Es giebt Künstler, die Steine bearbeiten, herrliche Frauengestalten hervorzaubern. Diese Bildhauer ringen und mühen sich auch, sie verzweifeln deshalb nicht; sie können, was sie wollen. Ihre Freude ist ihre Mühe. Deine Mühe darf Dir doch nicht unbequem sein; denn Du könntest sie ja abschütteln wie ein altes Kleid. Geduldig streben die Künstler des Paradieses; die Maler sind die geduldigsten. Malt Niemand von Euch?"

„Nein, ich glaube, der Vater hat keinen mitgesandt, um die Teufel nicht zu verwöhnen. Die würden vielleicht nicht so schnell das Malen gelernt haben. Kurz, wir sind keine Maler, Muff, mein Freund ist Musiker, ich bin Dichter."

„Nun, ich wollte nur hinzufügen, daß die Maler gute Leute sind. Den Ruhm und das Größerseinwollen wissen sie zu belächeln, sie lieben allein ihre Kunst, das Schaffen selbst. Ringen müssen sie wohl, indessen sie sind überzeugt, daß sie ihr Ziel erreichen. Sie fluchen nie auf sich oder auf ihre Werke oder auf ihre Schwäche; denn sie können eben garnicht wollen, was sie nicht können. Jeder geht erfüllbaren Wünschen nach, liebt die Qual nicht. Wer könnte die auch lieben?"

„Oftmals liebe ich sie, ich empfinde dann etwas."

„Magst Du gern unmuthig sein?"

„Nein, das nicht."

„So liebst Du auch die Qual nicht."

„Ich liebe manches Mal sehr eigenthümlich. Da muß ich fragen, giebt es nicht weibliche Engel? Kennt Ihr keinen Liebesschmerz mehr? Ich müßte Euch bedauern."

„Der Schmerz, welcher Freude bereitet, ist doch kein Schmerz. Alles, was erfreut, kennen wir. Schau`, ich wollte gerade von der Liebe sprechen, Du, Ausbund von Ungeduld, hast gar keine Zeit. Sei nicht so hastig und erregt."

„Angenehmen Schmerz kennt Ihr? Er ist angenehm und unangenehm zu gleicher Zeit."

„Schlecht ausgedrückt, Du meinst, ein Augenblick ist schön, ein zweiter leidlich, ein dritter schmerzlich. So ist die Liebe nicht bei uns."

„Oft ist das Angenehme und Unangenehme zu gleicher Zeit da."

„Ja, Du kannst Schläge bekommen und dabei süßen Duft einsaugen. Auf diese Weise kann ein Gegensatz das Ausgeschlossene einschließen. Doch im Himmel giebt es keine Schläge."

„Doch — nein, nein, Du hast Recht."

„Höre nun! Kein Engel will ein Weib besitzen. Sie lieben sich Alle, daher streiten sie nicht mit einander. Ihre Triebe und ihr Sehnen ist so gering, daß Gottvater die Liebe nur bestehen ließ, um das seltsamste Glück, das Mutterglück, nicht zu verbannen. Die Gefühle, die Dir Dein Lusttrieb erweckt, halten wir im Paradies nicht für größer, denn jede Augenempfindung. Laß uns in meine Höhle gehen."

Wir wandelten durch einen langen von kleinen Flammen erhellten Gang. Abermals redete der Alte: „Die Empfindungen werden in verschiedener Weise hervorgerufen und da ist es jedenfalls natürlich, daß selige Gefilde so viel Schönes bieten, wie ein Weib allein nicht bieten kann. Und nothwendig ist dieses, wenn die Stärke des Triebes keine größere Kraft mehr besitzt. Höchste Lust ist immer da, wie sollte es eine höhere geben können? Darum lieben die Engel zart und herzlich, nicht mit wilder Wuth; denn ihr Trieb ist nicht so stark. Darum siehst Du keine Hast im Himmel, hier hat Alles Zeit, die Freude flieht uns nicht. Eine Liebesgeschichte von Engeln will ich Dir vortragen." Wir traten bei diesen Worten in einen kleinen Raum, bunte Moosbänke lehnten an den Wänden, ein kleiner Tisch stand in der Mitte, viele Bücher lagen neben Muscheln und Kräutern, unzählige Sachen ruhten still in hübschen Nischen und auf steinernen Vorsprüngen, von denen Blattpflanzen herabhingen. Ein moosartiger Teppich bedeckte Decke, Wand und Boden. Eine rothe Ampel schaukelte über dem Tische. Behaglicher Friede schien hier wirklich zu herrschen.

Das Liebesgedicht des Einsiedlers stimmte recht heiter und lustig. Hoch in den Wolken im duftigsten Mondenscheine treffen sich drei weibliche Engel, die sich nach zarter Liebesseligkeit sehnen. Es naht aber Niemand, und sie steigen zu den Eremiten hinab, die darüber sehr entzückt sind. Ich überlegte, ob ein

Engel in der kleinen Höhle fliegen oder aufrecht stehen könnte. Der Alte glaubte gewiß, ich wollte mein Urtheil aussprechen und erkundigte sich danach. Ich schüttelte mit dem Kopfe und meinte: „Wozu der Vers? Ich quäle mich nur damit, Worte zu finden, und verfluche mich, wenn ich sie nicht finden kann."

„Dichter, die den Vers verdammen, werden nicht Dichter genannt," erhielt ich zur Antwort.

„Dummheit!" rief ich aus, „die Worte brauchen den Kling=klang nicht, dieser muß ihnen dienen, darf aber seine Herren nicht zwingen, seinen Dienst immerfort in Anspruch zu nehmen. Der Vers läßt an der Macht des Wortes zweifeln."

Der Greis erhob sich und sagte: „Gehe nun, noch bist Du nicht reif für Paradiesesfreuden. Gehe nur, ringe fort, doch verfluche Dich nicht mehr. Nicht immer wendet man sich gegen den Urheber seines Schmerzes. Diesen Urheber pflegt man zu fürchten und läßt dann seine Wuth an andern Dingen oder an seinen Freunden aus.

Die Dichtkunst that noch Keinem was zu Leide,

Du, Kleiner, prüfe Dich, was Dir die Liebe that.

Leb' wohl!" Ich ging und dachte, daß der Eremit ein sehr schlichter Mann sei. Draußen war es dunkle Nacht geworden. Ich wunderte mich und flog empor. Ich hörte in der Ferne den Bach rauschen, kühlte meine Glieder in den lauen Wellen des Sees und ruhte dann am Gestade. Ich konnte nichts sehen. Es war die dunkelste Nacht meines Lebens.

Da vernahm ich ein Flüstern, ein Stöhnen.

„Bohr, hab' Erbarmen mit mir, o schone mich!"

„Will der Schmerz nicht vergehen?"

„Nein!"

Blondchens Stimme! Mein Feind hatte die Nacht benutzt. Küsse, Aufjauchzen, dann wieder Aechzen, leise schrie sie jetzt. Ich wollte ihn tödten, doch ich fühlte mich nicht stark genug. Zu spät, zu spät kam ich doch!

„Blondchen, jetzt sind wir ganz vereint, liebst Du mich auch so wie Keinen? Wirst Du mir treu bleiben?"

„Bohr, mein guter, lieber —"

Ich hörte nichts mehr, der Gießbach rauschte, eine Schlange

wand sich um meine Füße. „Rache will ich haben,“ brüllte ich laut. „Was ist das?“ hörte ich ihn fragen. Es wurde roth vor meinen Augen, sie kamen näher.

„Komm', ein warmes Bad wird uns erquicken.“

„Wie heiß Du mich umschlingst! Du bist stark, Du kannst lieben, wie Keiner.“

„Sagte ich nicht, es wäre die süßeste Lust? Jetzt kann ich sterben.“

Ich wurde plötzlich ruhig, kalt. Sterben soll er nicht, rächen will ich mich. Düstre Nacht, hilf mir einen teuflischen Plan fassen! Tödtlich verwunden will ich ihn. Mehr, mehr als Höllenqualen soll er dulden — verzweifeln muß er. Seine rasenden Schmerzen werden mich verrückt machen vor nie ge= fühlter Wollust. Grausam will ich mich weiden an ihm, das wird laben.

Neben mir zerbrachen ein paar Rohrhalme. Ich flatterte weiter, höher stieg ich, über den Wasserfall weg, in rasender Eile. Ich glaubte, er verfolge mich. Ich stieß mich an einer Tanne und blieb dort oben auf dem Berge liegen. Ich schrie und tobte, die Echos schallten schauerlich durch den säuselnden Wald. Krächzend verließen einige Vögel die nächsten Bäume. Ich versank in ruhelosen Schlaf. Ein gräßlicher Traum peinigte mich. „Rache! Rache!“ so klang die ganze Welt, Himmel und Hölle verdoppelte grauenhaft meinen schrecklichen Ruf. Ich wußte nichts mehr von mir; ich hatte Blondchen geliebt, das wußte ich.

Fieberfrost schüttelte meinen Leib. Ich erwachte, als es Tag war.

Ueber mir knarrten die Tannen. Ich lachte gellend auf und erschrak über meine Stimme.

Drittes Heft.

Bohr war sehr eitel auf seine starken geschmeidigen Glieder; selbstgefällig steckte er den Kopf unter einen Flügel und ließ behaglich die Blicke am Rücken hinuntergleiten. Blondchen schwebte an der linken Hand des Cherubims; dessen weiße Fittige bewegten sich langsam auf und ab. Der Engel streckte die Rechte über die Felsenriffe. Mir schien es, als erklärte er all' die Schönheiten.

In jeder anderen Stimmung hätte mir die Welt zu meinen Füßen lauten Jubelruf entlockt, aber ich sah jetzt nur Bohr und den Cherubim; ein wirrer Gedanke beschäftigte mich. Mühsam sann ich, weshalb ich die Augen nicht von dem Engel abwenden konnte. Blondchen befand sich neben ihm; sie streichelte verstohlen den Arm ihres Begleiters. Das bedeutete Bewunderung. Sicherlich vermochte sie sich für die Prachtgebirge wenig zu begeistern, der mit den weißen Schwanenschwingen gefiel ihr besser als die ganze Welt. „Rache!" rief ich wieder leise. Wie wäre es, wenn ich zwei Nebenbuhler hätte? Einer würde den Anderen ausstechen, und Bohr kann sich im Höllenpfuhle alte Hexen suchen. Ich gesellte mich zu den Uebrigen; der Flug dauerte mir zu lange.

Dunkelgraues Gestein thürmte sich in wunderlichen Formen über die wild zerrissenen Bergmassen. Mächtige Tannen und grüne Gesträppe hingen in den Schatten der Abhänge. Lichtbraune Wolken mit gelblich weißen Rändern ließen breite Sonnenstrahlen hindurch. In den zerklüfteten Höhlen eines hohen Gebirges, das in prachtvollem Steingewirr über die anderen Gipfel emporragte, hielten wir kurze Rast. Behaglicher Frohsinn durchströmte mein Blut. Ich konnte mich endlich ergötzen; mein Plan mußte gelingen.

Auf einer Felskante saßen zwei Eremiten mit schneeweißen
Bärten. Beide hatten ihr Haupt in die Hand gestützt, sie schoben
zierliche Figuren hin und her. Ein kleiner Engel mit Schmetterlingsflügeln schlief neben den Alten; diese bemerkten uns nicht.

Wir kletterten über schwere Rollblöcke zur Höhe. Als wir
den schmalen Rücken des Berges erklommen, lag vor uns ein
gewaltig tiefer Abgrund. Dunkelblauer Nebelduft füllte das
mächtige Thal. Ein paar Tannenspitzen schwankten unten neben
den steilen Felswänden. In der Tiefe konnten wir wenig erkennen, Muff nur hörte Wasser rauschen. Auf den fernen
jenseitigen Gebirgen lagerten blaue, tiefblaue Wolken. Darüber die
lichtbraunen Nebelschleier wurden von rothen und grünen Sonnen-
streifen durchkreuzt: goldig leuchteten die einzelnen Strahlen-
büschel, die das Gewölk durchbrachen. Die Thauperlen blitzten.

Ich trat an die Seite des Cherubims und sprach über die
Landschaft. Ich fühlte mich bald befangen, er sagte nichts.
Ob er mit seinen Gedanken bei der Blonden weilte? Ich nahm
es an. Bohr schlenderte mit meiner Freundin neben dem Berg-
rande hin. Ich wies auf die Beiden und fragte, wie ihm das
blonde Teufelsmädchen gefiele. „Ein gutes Kind,“ erwiderte er.
Ich lobte nun an ihr alles Mögliche. Er lächelte und meinte,
ich liebte das gute Kind. „O, nein!“ rief ich, „wir lieben uns
Alle und ich möchte, daß Du uns auch liebst und Blondchen
auch.“ Mir entschlüpfte das wie eine aufrichtig herzliche Bitte.
Der Engel überzeugte sich wohl von meinem Ernste, denn er
schaute mir gedankenvoll ins Gesicht und mahnte zum Aufbruch.
Ich glaubte, gewonnen zu haben.

Wir flogen über die Tannenspitzen, breiteten die Flügel
aus und versanken säuselnd in die Tiefe. Das neue Gefühl,
das uns nun umfing, machte alle Rachegedanken verschwinden.

      Welche Wunderwonne!
    Thauig kühle Perlewogen
    Wiegten uns der Tiefe zu,
    Düftewolken frisch und mild
    Labten kosend Haupt und Busen.
    Sonnig glänzten Nebelbetten
    Hauchdurchwehte Engelwölkchen

Luden uns zu Rast und Ruh'.
Regentropfen sprühten Funken,
Wohlgerüche strömten auf,
Bilderreigen drangen seltsam
In die müden Augenlider.
Weltvergessen sanken Alle
Zu des Thales Wiesenflur.
Leise noch hörten wir Quellegeplauder,
Verloren verschwebte traumsüßer Gesang.

Als wir erwachten, standen Cherubime in der Nähe, Engel=
scharen sangen in den Lüften, kleine Jungen mit fast durch=
sichtigen Flügeln wunderten sich über unsere behaarten Körper.
Um die riesigen Berge lagerten die blauen Wolken; wir
hörten die Wasserfälle donnernd herabstürzen. Der hehre Himmel
hatte noch die blauen und braunen Töne, wie vorher.

Unsere Alte schärfte uns vielfach Regeln über unser Ver=
halten ein, doch Niemand beachtete sie. Kaum vernahmen wir,
daß wir hier längere Zeit bleiben könnten, so zerstreuten wir
uns; wir folgten den himmlischen Scharen. Schöne Frauen
plauderten mit den Teufeln; Muff verfiel in Sehnsucht und
Liebe, er sang unsinnig zärtliche Worte.

Die Schwarze hatte sich einsam an einem Bache nieder=
gekauert. Leichtfüßige Rehe sprangen heran und löschten ihren
Durst am Quell. Nachdem sie die zottige Gestalt bemerkt, flohen
sie ängstlich von hinnen. Die Schöne mit dem blauen Diamanten=
gürtel fragte mich gleich, ob ich schon Männer ohne Flügel ge=
sehen hätte. Was kümmerten mich alle Neuigkeiten? Ich weiß
nicht, wie es kam, eine wilde Lustgier brachte mich plötzlich in
heftige Glut. Ich streckte wollüstig meine Hand in die langen
schwarzen Haare und flüsterte mit heißem Athem die tollsten
Dinge. Das Mädchen lachte, und ich meinte, es wäre sehr
warm, wir müßten baden. Ich wurde glühender, rüttelte sie,
warf mich über ihre Brust und fing an zu flehen. Endlich er=
hörte sie mich. Ich bettete ihr Haupt auf einen moosbewachsenen
Stein mitten im murmelnden Quell. Mich verzehrte fieberhafte
Leidenschaft. Ein Trupp Pferde sprengte über das Wasser, sie
erschreckten uns, die Schwarze zeigte mir flügellose Männer, die

auf den Gäulen ritten, und ich mußte lachen. In höchster Erregung wollte ich Verse durchbilden. Rache, Lust, Wuth schäumte
durcheinander, bis die Lust die Oberhand gewann. Der Lüsternheit sollten die schönsten Weisen geweiht werden. Ich zuckte ver-
ächtlich die Achseln, als mir Blondchen mit Liebesgedanken in
den Sinn kam.

Ich hörte weiche Posaunenklänge, klare, gedehnte Töne
schallten feierlich heiter zu uns herüber. Wir eilten auf die
nächste Anhöhe. In den Lüften sah ich Engel mit langen Gewändern, die bis zur Wiese hinabhingen; schleierartig wanden
sich die zarten Gewebe näher. Schwungvoll bauschten sich die
Falten, die meisten dünkten mir hellblau oder mattrosa mit
Goldstaub betupft. Die weißen Fittige glänzten auf den gelblich braunen Wolken. Es folgte die Unzahl der himmlischen
Scharen. Der bunte Farbenrausch, der sich überall darbot,
bezauberte mein Auge, wie es keine Himmelsglut bisher vermocht. Die Engel ließen ihre Posaunen verstummen und herrliche Gesänge brausten widerhallend um die waldigen Berges-
wände. Auf den felsdurchsäeten Rasengefilden näherte sich ein
langer Zug. Kleine Engel mit Glockenblumen auf dem Locken-
haupte sprangen und flogen voran, schwangen bunte Fahnen
und schleppten mächtige Blumenkränze; in anmuthiger Windung
bewegten sich die reizenden Ketten. Die lieblichen Himmelsmädchen schritten Hand in Hand eilig dahin, in lustigen Reigen
tanzten sie sinnbeglückend gerade vor unsren Augen. Kleine
Jungen mit Schmetterlingsflügeln schwebten über den Tänzerinnen
und streuten Blüthenregen auf ihre Köpfe. Tanzweisen schwirrten
fröhlich durch das frohe Volk. Die bauschigen Kleidschleppen
wallten in den Lüften. Die Engel hatten sich vielfach sanft um-
schlungen. Hoch in seiner Mitte barg der Festzug den feenhaft
geschmückten Muschelwagen eines göttlichen Weibes. Tauben
führten das köstliche Gefährt auf zu den Wolkenballen. Vergnügte Knaben stützten und hoben die funkelnde Schale;
Diamanten glühten in ihr. Die Kleinen lachten und freuten sich
in seliger Unschuld. Reiter in puffigen Sammetkleidern sprengten
stolz hinterher. Rehe, Ziegen und andere Thiere standen auf
den Haidehügeln. Die Cherubime bewahrten ihre ernste Haltung.

Luftgefährte, von Adlern und größeren Vögeln gezogen, kamen zuletzt zum Vorschein. Räderwagen mit kleinen Pferden, Ziegen oder Hirschen bespannt jagten über die Wiese; sie rasselten über die flachen Bäche, durch das Steingeröll, ohne anzuhalten. Mächtig klangen die Gesänge. Wir gesellten uns der großen Masse zu, ich durfte auf einem Hirsche reiten; ein guter Jüngling setzte mich hinauf.

Nach einer Weile schien es, als wollten die Engel die Wolken zerzausen. Der Himmel wurde dunkler, Regen träufelte auf die Menge. Ein bläuliches Dämmerlicht goß sich milde wie Mondenschimmer auf die Flur. Tiefer Schatten ruhte an den Bergen, die blauen Wolken waren dunkel grau geworden. Vor einem hohen Fels in der Mitte des Thales machte der Zug Halt. Kühn ragten die rissigen Zipfelkegel in den blauen Mondenglanz. Hell blitzten die Gewänder und Flügel der Cherubime. Ein überwältigender, brausender Sang umrauschte mein Ohr. Alle blickten zur Höhe; ein weitleuchtender Schein strahlte blendend in unser Antlitz. Ich fühlte etwas von ewiger Seligkeit, ein Vorschmack unendlichen Glückes hob mich fort, hinauf, immer höher, ich ahnte Gottvaters Nähe. Aber hier konnten wir Ihn noch nicht schauen, das wußte ich wohl.

Der von Tauben gezogene Muschelwagen war in den Wolkenhimmel entrückt, die Kleinen nahmen von den Felsriffen Besitz und wurden ruhiger; die Engelscharen bildeten traute Gruppen. Am Fuße des festlich geschmückten Berges zündete man große Feuer an. Die Flammen schwangen sich wild durch die duftigen Nebel. Die Himmelsmädchen führten Spiele auf, heiterselige Weisen durchklangen Fels und Thal. Lustig tönten die Freudenrufe der Jünglinge. Die Eremiten, die schon dort gewesen, lächelten. Lust und Schwung athmeten in jeder Brust. Nun jauchzen die Kinder, es nahen die Adlergespanne von allen Seiten, wogen und kreisen in flüchtigem Fluge um die Felsengipfel. Vögel mit glitzerndem Gefieder ziehen Blätterkörbe, federumwehte Zweiggeflechte, in denen muthwillige Jungen ohne Flügel sitzen. Die Wettfahrt scheint kein Ende zu nehmen, Engel und Cherubime müssen zurückweichen. Jedoch jetzt erglänzt ein weißes Licht, lauter tost der Jubel, die Himmelskönigin in ihrem Taubengespann schwebt von weißen Glühfackeln umschienen aus den Wolken heraus auf die höchste Spitze des Berges. Es wurde still.

Schaut, wie die Tauben so friedereich,
Flügemüde sinken zur Rast.
Lautlos lauschen die himmlischen Scharen
Dem Liebesgruße der schönsten Frau.

Sie saß in ihrer Muschel und leise wie Harfenklang schwellten Töne von ihren Lippen, die ich nur fühlen, nicht verstehen konnte. Die Engel neigten das Haupt und sangen leise mit.

Es wogte unendlichen Sehnens Macht
In Flüsterhauchen zum Friedeglück.

Die Adlergespanne verließen wieder ihre Ruheplätze und kreisten langsam um die rauchenden Feuer, die von ihren Becken und Schalen empor um den Felsen loderten. Mich dünkte, alles Streben hätte ein nahes Ziel gefunden, und der Welten Wesen seien ewig beglückt. Ahnen und fühlen durfte ich, was hier dargestellt wurde. Erst stürmte alles Volk wild umher, darauf kehrte milde Stille in das aufgeregte Gedränge, die sinnglühenden Flammen umwirbelte schweres Dampfgewölk. Ich glaubte zu verstehen, doch weiß ich es nicht — aber

Weiß ich auch nichts, ich schau
Nur die wonnglühende Wunderfrau.

Ihr Anblick verbannte meine Begierden. Zum ersten Male glaubte ich an die Mächte der Schönheit.

Reizumwoben! Grußbesangen!
Liebewonnig Augenlicht!
O, der Locken Leuchtgewirre
Glänzet wie ein Kronenband.
Königin der Himmelsweide!
Zarte, feine Gottesbraut!
Deiner Glieder Glanzgeschmeide!
Deines Busens Äthenwehen!
Weißer Lilie Mondeschmelz
Prunkt auf Arm und Brust,
Süße Koselust umspielet
Deine himmlische Gestalt.
Ach, ich bin besangen.

Sieh', ich sehe kaum,
Wie des rothen Kleides Saum
Ueber Deiner Hüfte Schwellen
Sich will wellen und verstellen
Deines Kniees Farbenschimmer,
Doch die blendend weiße Haut
Durch die rothen Falten schaut.
Du legst den linken Fuß
Auf Deiner Muschel Rand,
Und ich bestaune das lustige Gewebe.
Du, Anmuthreiche verschwebe
Dem häßlichen Teufel nie!
Will nur behalten Dein schönes Bild
In Ewigkeit zu stiller Seligkeit.

Und Muff liebte diese Königin. Ich saß noch immer auf meinem Hirsch und hielt fest in jeder Hand ein Ende vom Ge= weih. Muff zitterte an meiner Seite; er weinte und schmiegte sich an mich, er küßte meinen linken Arm und wußte sich nicht zu lassen. —

Die Kleinen scherzten auf den Felskanten, sie sprangen und übten sich in reizverwirrten Stellungen. Zwei bildeten mit ihren Armen ein Thor, durch das die kleinsten Engel hin und wider= flogen. Auf den zackigen Spitzen hockten die Buben mit dem Finger im Munde, oder sie standen und starrten mit urwunder= lichem Ernst in den dunstigen Rauch. Dick kam zu uns und fragte, wer die Königin sei. Ich gab keine Antwort, und Muff eilte davon. Ich empfand ein Alles überwältigendes Gefühl. Das Glück der reinsten Freuden umfriedete die Mondesflur. Wir wagten nicht, den Seligen zu folgen, zaghaft blieben wir fern. Und mein Auge ermüdete, nach der Einsamkeit sehnte ich mich, meine Erregung wollte sich nicht bemeistern lassen. Ich fragte Dick: „Wie kannst Du nur nach Namen und Rang einer solchen Königin fragen? Sieh, wie Alle die Hehre umschwärmen, ihre Blicke wissen Engel zu verzücken." Der kluge Teufel that erstaunt und wollte mich nicht begreifen, bis ich ihm auseinander= setzte, daß solche Schönheit jede Frage vernichten müsse. „Das Auge empfindet so viel, daß der Mund stumm wird." „Du

3

redſt ja mehr als ich," ſpottete jener. „Ich will nicht alles
wiſſen," ſchrie ich ihm grob entgegen, allein ließ ich ihn ſtehen,
empfahl ihm noch, auf meinem Hirſchbock weiterzureiten. Dick
wurde ſeit der Zeit höhniſch und verletzend. Er hielt uns alle=
ſammt für dumm und ſich ſelbſt für weiſe. Er lachte über alles
Mögliche und hauptſächlich über Dinge, die uns Thränen der
Begeiſterung entlockten. Ich bedauerte ſeinen Aerger. Blondchen
wollte ich ſuchen. Da ſie mich auch ſuchte, ſo fanden wir uns
bald. Sie mochte aber nicht gleich an meiner Seite bleiben,
ſondern beſchrieb mir eine ſchattige Felsbucht, in der ſie mich
weit vom Feſt entfernt wieder antreffen wollte. Sie hätte mir
ſo viel zu ſagen, meinte ſie. Mich packte ein tückiſcher Gedanke.
Ich konnte mit ihr über Engel, Adlerſchwingen und Mondfarbe
reden und ſie? „Rache" tönte es wieder und „Luſt" ſchallte es
nach, denn die Schwarze kam herbei. Ein echter Teufelswitz fiel
mir ein: jene Grotte, die Blondchen Felsbucht genannt, ſollte
mich nicht allein empfangen, nicht einſam durfte ich auf die Blonde
warten, die Schwarze mußte mir Geſellſchaft leiſten — dann
verwundete ich ſie, die ich liebte und rächte mich. Pah, ein
Teufel ſein iſt gleichfalls Seligkeit! Auf zur Luſt!

Schwarze, preß mich an Deine Bruſt!
Zerdrücke die Knochen,
Zerreibe die Lenden,
Küſſe mir tollwüthig
Zitternd vor Wut
Das Blut aus den Lippen,
Das Fleiſch aus den Rippen!
Raſe, Mädchen! Ich liebe Dich.

Wie mich nach dem Anblick der himmelbezwingenden Schön=
heit das derbe Teufelsmädchen anzog! Hatte ich zu viel vom
Paradieſe genoſſen? Brauchte ich die Derbheit, um die Auf=
regung zu verſcheuchen? Die Teufel ſind keine Engel, das wurde
mir klar. Ich packte das dicke Weib und flog halbtoll mit
ihr los.

Verzehre verzerrend
Grelllachende Luſt
Mein Gebein!

Jäher, brennender
Tobe im Wutrausch
Mein Blut!
Wühlen will ich in zottigen Haaren,
Im Kuß Dich ersticken, wollüstig Kind!
Was lachst Du? ich glühe,
Ich schreie in Wonnen,
Ich bin erschöpft.

Daß ich nicht empfinden kann, wie ich will! Düstre Nacht
soll meinen Blick verfinstern. Ich will erblinden, nur fühlen
muß ich.

Schwarze, wir höhnen die Welt.
Dein heißer Schooß
In hitzigem Brand
Hat mich im Glühsturm
Matt gemacht.

Bald schwiegen wir in schwüler Ruhe. Rasch jagten sich
albern häßliche Fieberbilder. Ich lehnte an der Schwarzen
Kniee und betrachtete lüstern ihren Körperbau, dessen üppige
Formen hatten malerischen Reiz. Blondchen überraschte mich.
Sie blieb erstarrt und sagte: „Pfui, das hätte ich nicht von
Dir gedacht." Ich glaube, sie war eifersüchtig für einen Augen=
blick, sie wollte eben uns alle besitzen. Sie flog erregt zurück,
und ich folgte ihr willenlos. Die Schwarze rief mir böse Worte
nach. Ich dachte wieder umzukehren, that es aber nicht. Auf
einer Felshöhe erwartete mich die Erzürnte, ich kam zögernd
heran und empfand eine Art Widerwillen, zugleich durchzuckte
mich mein alter Racheplan mit neuer Gewalt. Ich setzte mich
zu der Geliebten meines Feindes und fragte, wo der Cherubim
sei. Dann erzählte ich, daß dieser sie liebe und wußte ihre Eitel=
keit so zu treffen, daß sie den guten Engel bemitleidete. Vom
Mitleid bis zur Liebe ist der Weg nicht zu krumm. Für Schön=
heit schwärmte meine Freundin von jeher, und wir kamen darin
überein, daß der mit den weißen Schwanenschwingen allen
Träumen von Vollkommenheit entspräche. Wir redeten viel über
Schönheit im Allgemeinen und waren ganz derselben Meinung;
ich sprach immer, bevor sie gedacht hatte. Ich reimte noch ein

wenig auf den Cherubim, und wir trennten uns in alter Liebe
und Freundschaft. Trotz alledem verschlechterte sich meine Laune,
ich fühlte mich unbefriedigt. Eine Natur umgab mich, die ich
paradiesischer nicht zu denken verstand. Und konnte ich sie mit
Worten wiedergeben? Eine Beklemmung drückte mich. Alles
dünkte mir öde und leer, nicht der Rede und Worte werth.
Die ewige Qual meiner Schwäche plagte mich von neuem. Ich
sehnte mich weiter zu Gottvater. „Vielleicht vermag er mir Kraft
zu verleihen." An jeder anderen Rettung verzweifelte ich.
Möglich, daß mir die Freundin leid that. Ferner brachte ich
schlechte Laune mit schlechten Versen in Zusammenhang. Darum
versuchte ich wieder gute Verse zu dichten und schrieb in das
kleine Buch, das mir stets zur Seite hing, in trauriger Verfassung
ein paar bewegte Zeilen:

Blaubewebte Berggeschwister
Lagern traumbesungen still
In der ruhumfang'nen Welt.
Und ich weine Thränenthau,
Daß ich Euch, ihr Leuchtgesteine
Nicht mit Worten fassen kann.
Tröstet mich, ihr alten Riesen,
Gebt mir Ruhe, Friedeglück.
Wortgesumme tönt mir zu,
Daß ich bilde, was ich wollte;
Zauberwogend Glutverwehen,
Reizverstricktes Stimmgewirre,
In duftschauernd süßen Versen
Herrlich klare Dichtersprache.

Ich war erfreut, das Wortgeklinge gefiel mir. Aber die
liebe Stimmung! Ich habe selten ergründen können, wie Laune
kommt und geht. Ich liebte die Blonde und liebte sie nicht, ich
ging milde mit meinen Fähigkeiten um und eiferte gleich darauf
unerbittlich gegen alles Denkbare. Ich tobte heftig, weinte und
fluchte dann. Wer weiß, wie Laune kommt und geht? Damals
wurde ich schnell wieder mißmuthig. Ich zankte mit den Andern
über den langen Aufenthalt und pries mich glücklich, als wir

weiter eilten. Eine schmerzliche Sehnsucht beherrschte mich; Gott=
vater wollte ich schauen, von Ihm erhoffte ich Alles — Alles.

Der Morgen graute. Ein Strahlengefunkel flimmerte über
den Felsen, die grauen Wolken wurden von rothgoldigen Feuer=
flecken umsät.

Es sangen die Scharen

Lieblodernde Weisen.

Vor einer tiefen Felsbucht empfingen wir den letzten feier=
lichen Abschiedsgruß. Der Cherubim ergriff meine Hand und
wir stiegen in ein Adlergespann, das Lilien und Blättergeranke
umkränzten. Ein schlanker Knabe trieb die Adler an, die wandten
ihre Köpfe und zogen rauschend zum Wolkenglühen in die Höhe
der mächtigen Schlucht. Zu beiden Seiten starrten die dunklen
Felsen. In der Tiefe brandeten die Wellen des Sturzbaches.
Da war ich wieder trunken entzückt. Hinter uns kamen die
anderen Adlergefährte und über uns flatterten die Tauben mit
der Muschel unserer Königin. Neben dieser hatte die Blonde
ihren Platz erhalten, das überraschte mich. Fast schien es, als
wollten wir eine jähe Wettfahrt unternehmen, so blitzschnell saußten
die großen Vögel mit uns von dannen. Die Gespanne über=
holten einander, und ich kam erst spät dazu, in der prächtigen
Gegend zu schwelgen. Die Wolkenschatten huschten über die
Berge, in deren Rissen und Spalten edle Gesteine glitzerten. In
tausend Formen beugten sich die harten Massen wellenartig über
den oberen Rand der Gebirge. Tiefe Höhlen und Gruben mit
Moosgewächsen und wildem Gesträpp gähnten in den aus=
gehöhlten Abhängen. Wir sahen oft nur einen schmalen Streifen
Himmel, es wurde dunkel und wieder heller; eng rückten die
Steinwände an uns heran. Plötzlich schwebten wir in einem
freien Kessel, über dem die Wolken glänzten; üppiger Wald und
Wiesengrund schlummerte in tiefer Ruhe.

Wie kann ich die Farbenmacht wiedergeben? Wir fuhren
zu schnell. Ich wandte mich zu dem ernsten Engel und forschte
ihn aus, ob er alle Farben bemerken könne und die Formen der
massigen Geschiebe. Jener blickte freundlich auf die Adlerschwingen
und erwiderte: „Ich weile schon ewige Zeiten in diesen Ge=
filden, ich brauche nicht zu eilen, um alles zu sehen. Mein

Auge will sich noch eine Ewigkeit an dieser Welt erfreuen; wozu
also bei einem Fluge alles bemerken und behalten wollen?"
„Du kannst das sagen, ich muß aber bald fort und dann —".
Er schüttelte den Kopf, daß die blonden Locken über der Brust
zusammenfielen. Wir schwiegen lange, gramvolle Gedanken kreuzten
mein Hirn. „Wir Teufel sind auch unsterblich. Aber ich könnte
zwei Ewigkeiten leben und würde doch nicht glauben, daß ich
alle Weltwunder jemals ganz erfasse. Ich will sie mit Worten
begreifen, Worte sollen alles widertönen, meine Sprache muß
der Spiegel der Welt werden — ich bin Dichter." Der Engel
lächelte und meinte: „Unsere Dichter würden Dir wohl rathen
und helfen können."

„Wo werden wir Dichter finden?"

„Bald werden wir sie finden."

„Ich bin unglücklich, meine dumme Sprache genügt mir
nicht, aber sie ist nicht dumm, ich bin es. Ahnst Du, wie weh'
es thut, wenn man sucht und ringt nach Tönen und Tonfällen,
und alles nicht gut ist? Da und dort bin ich mit mir zufrieden,
doch nicht immer."

„So versuche dies Steingebälk mit Worten zu besingen,
vielleicht gelingt Dir etwas. Die Dichter des Himmels werden
bald erreicht sein. Fährt dort die Blonde?" Ich bejahte, mir
fiel mein Racheplan ein, und selbst der unterhielt mich nicht mehr.

„Es ist alles noch nichts, meine Worte wiederholen sich,
nicht ein jedes ist neuartig. Ich vergesse die Bilder, welche ich
darstellen will; nicht alles steht mir so klar vor den Augen nach=
her, wie beim Anschauen selbst. Mein Auge ist noch nichts."

So stöhnte ich wieder, und der Engel lachte herzlich. Ich
sollte dichten und redete mich in eine gewisse Wuth. „Das Un=
erreichbare erreichen, das Tollste kühl darstellen, alles können,
alles wollen!" Der Cherubim unterbrach mich und setzte mir
auseinander, wie dieses wahnsinnige Streben ein unverkennbares
Merkmal der Teufelsnatur sei. Er sprach zuletzt ungefähr so:
„Der Engel ist voll Friede, ruhig und freudig. So lebt er, so
schafft er, als Dichter oder Künstler. Der Teufel will das Un=
mögliche. Sein Wollen ist frevelhaft, er will Alles und das
darf nur der Vater der Welt. Vor dem Großen sollst Du

knieen. Selbst Gottvater wollte nicht allein und unerreicht mit seinem Können dastehen, deshalb erschuf er den Satan, um seines Gleichen zu haben. Verlange nie von Deiner Natur, was sie nicht leisten kann. Deine Kraft ist gut, so groß und so klein sie sei. Ringe auf Deinen Knieen!"

Ich sank wirklich in ein Knie und fühlte zum ersten Male schmerzlich, daß ich noch kein Engel geworden. Die Schwarze schwebte neben uns in einem klingenden Glockenwagen. Die grimmige Lustsucht wollte mich übermannen, trotzdem blieb ich auf den Knieen. Nach einer Weile richtete mich der Cherubim auf und fragte: „Wirst Du nun das Große verehren, auch wenn Du es noch nicht in Wortgefügen wiederzubilden vermagst? Begreifen wollen, heißt: besitzen wollen oder Herr sein wollen. Und Herr des ganzen Paradieses darfst Du doch nicht sein, nicht wahr, kleiner Dichter?"

„Ja, klein," rief ich, „vergieb mir meine Klagen, es ist alles bitter, aber gut." „Nicht bitter," sagte er. „Bilde, dichte, damit ich Dich groß nennen darf."

Ich begann:

> Nun denn, so heiße Dichten
> Nichts, als liebendes Loben.
> Doch das Gelobte sei
> Von allen Herren frei.

Das paßte ihm nicht. Er sprach von Gottvater, von dessen ewig ruhiger Größe, die sich selbst genug ist. Seine Worte erfüllten meine Sinne mit herrlichen Bildern; vor Ihm, dem Höchsten, wollte ich mich beugen. Ich raffte mich danach zusammen und versuchte mein heftiges Streben nach höchster Vollendung zu vertheidigen; indessen mein weiser Begleiter widerlegte mich: „Was hilft es Dir, wenn Du über Deine Kräfte hinausstrebst? Du kannst doch niemals durch Deine Kraft Deine Kraft überwinden." Darauf vermochte ich nichts zu erwidern. Ich wandte mich der Gebirgswelt zu, ich beobachtete den Flug der Adler und Tauben, ich blickte hinab in die grause Tiefe, sah zu den alten Felsenhöhlen und dichtete. Ungestüm, Haß kochte und gährte in mir.

Das Reden bin ich müde.
Ich will nicht weise sein.

Hielt mich der Cherubim für ein dummes Kind? Wann besitze ich dasjenige, was ich sehe und fühle? Ich lachte.

Unbefriedigt jagen wir
Durch die alten Berggemäuer,
Denk an wilde Ungeheuer
Und an rohe Kraftgewalten,
Diesen fühl' ich mich verwandt.
Was Euch ewig unerreichbar
Werd' ich packen und behalten.
Also klingt in Himmelsgründen
Hell mein junger Jubelglaube.
Jage schneller, Adlerhetze,
Ich werd' nie mehr Schwächling sein.

Tückisch wurde ich. Eremit und Engel kamen mir wie leere Schwätzer vor. Ich malte mir aus, wie die himmlischen Dichter vor meiner Kraft zurückscheuen würden.

In der dunklen Schlucht sind die Steine glatt und schwarz. Die Wolken spiegeln sich in ihnen. Geheimnißvoll branden die Sturzquellen herauf. Ich werfe Lilien in den Abgrund. Die Fahrt geht tollschnell, schon sanken wir tiefer, helle Feuer glänzen; wir gelangen zu den Dichtern. Sie haben sich eine ungestörte Gruft für ihre Werke ausgesucht. Die Luftwagen sanken auf einen moosbedeckten Felsweg. Eine Quelle plätscherte neben uns; wir schritten am Ufer entlang. Mein Freund, der Eremit, grüßte mich, die Himmelskönigin zwang mir ein glückseliges Lächeln ab. Weiterhin hatte man Blumenkränze zu einer Pforte aufgebunden. Wir durcheilten dieselbe und fanden viele Dichter.

In kunstvollen Schalen brannten die Flammen, Rosenpfühle luden zu sinniger Rast. Fern oben war ein kleines Stück Himmel, dort zogen weiße Wolken; die Wände der schwarzen Felskluft stiegen steil und hoch empor. Im Hintergrunde des seltsamen Grubensaales befand sich ein Vorhang von braunem Sammet. Kleine Engel packten in die Falten und schleiften das Tuch zu beiden Seiten auseinander. Harfenklang säuselte in lautstillen Wellen an unser Ohr, üppige Waldespracht that sich vor der

andächtigen Menge auf. Ohne Laut hüpften die Böglein in den
Vordergrund, als wollten auch sie die Dichterweisen vernehmen.
Eremiten, schöne Knaben, Mädchen mit feuchten Augenwimpern
traten vor und sprachen ihre Verse. Der Wohllaut riß mich hin,
die Reime und Lieder entzückten mich. Da schien kein qualvoller
Kampf mit der Sprache.

> Zitternde Worteglieder,
> Tiefglühende Farbenpracht,
> Hehrmächtiges Jubelsingen,
> Feinfühlige Liebeweisen.

Ich empfand Reue. Diese Dichter dünkten mir edel, groß
und reich. Wie wurden sie belohnt! Die Alten bekamen nasse
Augen, und die Jungen drängten sich um die Gefeierten. Ich
wußte jetzt, es ist nicht leer, wenn Cherubim und Eremit mit
stillem Stolz ihre Ruhe und ihren Frieden als wahrhafte Seligkeit preisen. Ich gedachte, nie wieder mehr zu wollen, als einem
Engel geziemt. Ich wollte zeigen, daß ich für das Paradies
reif werden könnte.

Von den Dichtungen, denen ich schweigend lauschte, schrieb
ich mir keine Verse auf. Sie waren so sicher in ihrem Wort-
gefüge, daß ich nirgends zu verbessern wußte. Zwar bedrückte
mich das nicht, ich merkte frischen Muth in mir. „Auch ich
werde etwas erreichen," dachte ich. Das fieberhafte Streben
verließ mich damals; allerdings noch nicht für immer, denn
anders sind die Teufel doch geartet. Immerhin veranlaßte nicht
nur der Neid, daß ich nicht nachschrieb. In mir lebte ein
anderes Feuer. Die Eremiten brachten Naturlieder, die Knaben
Liebesverse. Aber ich erinnere mich nicht, daß dem Fluge der
Adler, dem Strahlenduft der Sonnen, dem Geplauder der Quellen
ein mir genügender Ausdruck gegeben wurde.

Wie wir aufbrachen, nahm der Cherubim die Blonde in
seine Arme und flog himmelwärts. Unsere Flügel ermüdeten
und wir mußten auf Felskanten einige Male ausruhen. Wir
sahen dann in die Tiefe auf die Dichterscharen; ich fand mich
milde gestimmt. Der Cherubim that, was ich wollte, er liebte
meine Freundin. Das freute mich, und ich dachte mir nichts
Böses dabei. Milde war in meine Brust gekehrt. Ich mußte

auch an meinen Vater daheim in der Hölle denken und bedauerte, daß er uns Teufeln den wahnsinnigen Trieb nach ungezähmtem Genuß und wilder Macht von Geburt an eingebeizt hatte.

Wie wir oben anlangten, glänzte ein olivfarbiger Schein durch den unbewölkten Himmel. Die Felsen lagen im Schatten. Wir streckten uns in die hohen Aehrenfelder und träumten von Gottvater.

Ich hörte raschen Flügelschlag; die Blonde schwebte mit ihrem Engel davon. Es geschah, was ich wollte. Im dunklen Gestein konnte ich die beiden nicht mehr erkennen. Die Blonde ruhte in den Armen eines Andern, und ich rührte mich nicht. Feierliche Stille lagerte in den olivfarbigen Nebeldüften. Ich schrieb feurig in mein Buch:

„Höchstes Glück! Ich werde Gottvater schauen, Er wird mir Seine Kraft geben, dann kann ich zu Seinem Lobe Wonne= weisen schaffen, die selbst Ihm, dem Ewig=Hehren genügen sollen."

Viertes Heft.

Reck und schroff
Und jach zerklüftet,
Himmeltrotzend
Ragen rauhe,
Spaltdurchriss'ne
Blockgerüste
In die Wolkenwogen.
Alte, feste
Steingebälke,
Wetterdächer
Ueberkragend
Lugen in die
Grausschlünde.
Strotzend starren
Durch die Breschen
Sturmdurchknarrte
Felsenbrüste.

Die lichten Wolken verschwanden hinter den rothbraunen Steinmassen. Die oberen Luftschichten wurden blau, aber der Nebeldunst dämpfte die Färbung. Und der Engel wies nach der anderen Seite. Wir wandten uns um und erblickten ein großes Gebirge, das aus kahlen, weißen Bergen bestand; die spitzen Gipfel hoben sich weit heraus in den unbewölkten, blauen Himmel. Wir flogen auf, und Sonnenglanz drang uns entgegen.

Glitzerglimmen
Flirrt und flimmert,
Gleißend heiße
Lichterflocken
Flackern, flammen

Durch die Lüfte.
Glühglanzstrahlen
Schweifen, schwirren
Auf den weißen
Felsenkanten —
Alles schimmert.
Und im blauen
Düstemeere
Sprüht ein Sonnball
Blitzebüschel.
Wie die blanken
Funkelfeuer
Blinken, leuchten!
Thränen fließen,
Gluten schließen
Trunkne Augen;
Stechend brennt
Die Fackelpracht.
Weh! Wir sind geblendet!
Rother Schein
Hüllt in blinde
Nacht uns ein.

In eine Paradiesesjonne hatten wir geschaut, jetzt mußten wir die Arme vor dem Gesicht halten und horchen, wo der Flügelschlag unsres Engels ertönte. Er rief uns öfters an, es ging immer höher. Mir kam der Gedanke, daß Gottvater, der Allburchdringende, vielleicht nie für einen Teufel zu sehen wäre. Konnten wir nicht bei seinem Anblick ebenso wie jetzt erblinden? Endlich sagte unser Führer, wir könnten wieder die Augen öffnen. Ich war recht erfreut und erstaunt, als ich die Sonne nicht mehr am Himmel bemerkte. Wir befanden uns tief im blauen Schatten und steuerten einer Grotte zu, die nahe den Gipfeln der weißen Berge lag. Wir warfen uns ermattet auf den Felsen.

Ueber uns Blau!
Vor uns die starre,
Verworrene Welt!

Launige Klippenformen, sonnreizende Farbenspiele, Spitzen und Spalten, Thäler und Hügel und glänzende Riesenkegel berückten, entzückten uns. Die Fernsicht erquickte mich.

Rauschig wehen sonnentflohen
Schmelzeweiche Läutelüfte,
Traumlau lauschig Duftgekose
Schmiegt sich in die Schattengrüfte.

Schwülemüde labt die Kühle
Auf dem harten Felsenpfühle,
Wundertraute Schlummerlaute
Rühmen wir das nie Geschaute.

Leises Raunen summt und surrt,
Klingt und singt von Kinderlaunen,
Lachen schallt, Gespiele nahen,
Grüßen mich und freuen sich.

Doch ich wende mein Gesicht,
Leg' es auf den weißen Stein
Und schlafe ein.

Laubrascheln säuselte an mein Ohr. Grüne Bäume wuchsen in den duftblauen Himmel. Frische Winde wehten durch die Blätter, so daß deren Rückseiten hell erglänzen konnten. Ein Waldthal ruhte wie ein Büschebett in der Tiefe. Ich saß auf einer glatten, mit schwarzen und weißen Fliesen ausgelegten Steinfläche. Blumensträuche und hohe Pappeln umhegten meinen Sitz. Rauschende Waldung umwogte die weiten Bergelager. Hinter mir lachte Jemand, ich erspähte bald einen Knaben, der lustig aus einer Dornenhecke hervorguckte. Jetzt sprang er stürmisch auf mich zu, drehte sich im Kreise, faltete die Hände hoch über dem Kopf und stellte sich auf die Zehenspitzen; der Körper neigte sich vornüber. Seine Glieder schienen überschlank, biegsam und anmuthig verrenkt. „Ich bin der Reim!" schrie er laut. „Ich bin der Dichtkunst Anfang und Ende, heiß' auch Lautgeranke." Neckischer Scherz, Witz, Spott, so hätte ich ihn genannt, aber Lautgeranke? „Du hast mich verschmäht," rief er wieder. Ich schüttelte den Kopf: „Die Laute soll ich verachten? Reim und Laut soll eins sein?" „Lautliebe gebar sich den Reim!" Diese Worte wiederholte er, ich glaubte zu tiefen

Schlüssen und Gedanken zu gelangen, erwiderte aber nur „Ja!
Ja!" Von neuem ertönte des Knaben Stimme.

> Nun merke, paß auf,
> Wie geehrt ich bin.

Und sofort brachen durch die Zweige, aus den Laubver=
stecken artige Kindergestalten. Die ganze Fliesentafel füllte sich.

> Worte, Worte sind es,
> Sie kennen Dich alle,
> Doch ich bin ihr Herr,
> Wonne biete den Gruß!

Dabei entfaltete Lautgeranke eine so gebietende, vornehme
Handbewegung, daß ich fast aufstehen wollte. Das gelang mir
allerdings nicht, so sehr mich auch die harten Steine drückten.

Wonne trat vor, schwächlich war sein kleiner Leib, im er=
hitzten Gesichte funkelten feuchte Augen. Er legte die Hand=
flächen an einander, drückte sie so an die linke Wange und
lispelte:

> „Heil Dir, Dichter!"

„Lautgeranke!" jubelte ich. Doch der ließ seine Finger
ausgestreckt in der Luft umherschwirren und meinte, ich sollte ihn
kurzweg „Ranke" nennen.

Auf seinen Wink verbeugten sich die Kleinen und Großen
und preßten den rechten Arm vor die Brust. O, die lieben
Worte! Wie ich sie gleich lieb gewann. Ein allmächtiger
Herrscher däuchte ich mir, aber gütig und gnädig mochte ich sein.
Lust, Sehnen, Friede, Lauschen, Liebe und viele andere näherten
sich. Sehnen athmete tief auf, Lust grinste, Liebe ließ den Kopf
sinken, Lauschen bog das kleine Haupt ganz nach links, machte
große Augen und wies auf Friede, der sich mürrisch abwandte.
Ich faßte des letzteren Hand und setzte ihm auseinander, daß
wir sicherlich später die besten Freunde werden würden. Doch
ein anderes Wort begehrte ich: „Mein Glück, Ranke!" Gleich
drängte sich ein langer, magerer Jüngling vor, der bleich wurde,
an allen Knochen zitterte und die Augen verdrehte und mich an=
stierte, als ob er mich zu verschlingen drohte. Seine Arme
flatterten „Geh' weg! Geh' weg! Meine eigenen Worte will
ich sehen. Ranke, wie heißen sie? Ich vergaß alle." Ranke

schritt durch die Schar; ehrfürchtig kniete sie nieder, ein Rosen=
busch öffnete sich, um drei kleine Leute vorzulassen. Sie kamen
in gleichem Schritt an meinen Platz, klatschten mit ihren Fuß=
sohlen auf die Steine, hoben die Kniee beinahe bis an die Nase
und benahmen sich so ungeschlacht wie möglich. Die übrigen
Worte hockten still auf den Fliesen, und ich fragte einen von den
dreien nach seinem Namen. Der ungezogene Junge warf seinen
borstigen Schädel in den Nacken, kehrte mir mit einem Pfiff den
Rücken und bemerkte schnippisch: „Mein Vater kennt mich nicht.“
Dabei wiegte er seinen Oberkörper in den Hüften, als wollte er
mich verhöhnen. Zugleich humpelte eine unansehnliche Weiber=
gestalt herbei und fuchtelte dem Unanständigen mit der Faust
vor den Augen herum. „Wer bist denn Du?“ forschte ich er=
schrocken. „Die Wut,“ kreischte die Hexe. Der Borstenkopf
drehte sich wieder um und sagte lächelnd: „Lieber Vater, ich
bin der Wutrausch.“ „Und ich bin seine Mutter, kennst Du
mich nicht mehr?“ so krächzte die widerliche Alte mit den rothen
Augen; gräßlich durchbohrten mich ihre Blicke. Ich erkundigte
mich, wie der zweite hieße. „Glutrausch“ brüllte der dumpf. Seine
gedunsene Fleischmasse ekelte mich an. Der dritte, der hagerste,
stand mit gespreizten Beinen da, heiser behauptete er: „Ich bin
der Brutrausch.“ Alles war still. Ranke hatte die Arme in
einander geschlagen und weidete sich an der Landschaft. Ich
wollte sein Gesicht betrachten, ich krümmte mich vor Zorn. Die
Kleinen schielten neugierig zu meinen Worten hinüber. Glück
kniete betrübt und regungslos neben Ranke. Diesen wetterte
ich jetzt an: „Du, zuchtloser Schuft, sind das meine Worte?
Habe ich nicht tausend bessere gezeugt? Die will ich sehen, Du
Hund!“ Unterdrücktes Kichern überall. Ranke starrte in die
Wolken und flüsterte fast, als er nun ruhig entgegnete: „Deine
anderen Kinder, lieber Dichter, sind noch lange nicht fertig, dem
einen fehlt der Arm, der andere trägt ein Bein auf dem Kopfe,
und ein dritter hat seinen Kopf am Knie befestigt.“ Wild packte
ich in Wutrauschens Fell und schleuderte den ganzen Kerl auf
den unverschämten Spötter. Nun brauste schallendes Gelächter
los, und ich fühlte, daß ich einen lächerlichen Eindruck machen
mußte. „Lachbolde seid ihr!“ rief ich mühsam den ausgelassenen

Schlingeln zu. „Das sind wir durch Dich!" tönte es aus der höhnischen Menge zurück. Immer lauter hallte und heulte es um mich her. Jemand zerrte mich am Arme, ich sah Muff plötzlich vor mir. Ich faßte die Schultern meines Freundes und flehte ihn an, mir zu sagen, ob ich träumte oder wach wäre. Erschrocken wies der auf die fernen Felsgelände, auf die Engel= scharen, die in den Lüften singend dahinzogen, und schüttelte mich. „Erinnere Dich, lieber Dichter, wir sind im Paradiese." Das war seine alte Stimme, mein Muff weilte bei mir, ich er= innerte mich allmählich und schrieb dann meinen Traum nieder. Unsre Alte saß mit ihren Hexenaugen mir gerade gegenüber, bewegungslos wie gewöhnlich in der letzten Zeit, mit den Finger= spitzen der rechten Hand kratzte sie an ihrer Stirne. Ich horchte auf die Himmelsgesänge und konnte nicht genug hören und be= halten, ich wurde ruhig, aber noch immer fremd kam mir dieses Weisengewinde vor.

Freudig schnelles Tongewelle
   Schwillt in feine
     Schallgewebe.
Klängefalten schön verzogen
   Bergen reine
     Weihgebete.
Blumenkelche, zart geschlossen,
   Hauchen kleine
     Düftemengen.
Knospe auf, Du Liebeblüte,
   Und vereine
Rauschumschlungne Wohlgerüche
Treulich Deinen Lautewogen!
Dann im Töneblütenstaub
Würd' ich Engellust verstehen.

Wir konnten nicht fühlen, was die Engel bei ihrem Sange empfanden. Fromme Ergebung in Gottvaters Willen hörte ich wohl in reizumlaubte Tongeranke verklingen. Aber das aller= heiligste Gefühl sollte mich auch durchzittern; nach Engellust strebte mein Sinn. Vergeblich! Meine Gedanken schweiften ab, fort zu den Thalgruben, in das Luftbeben der Ferne. Der

Cherubim flog zu der nächsten Schar und wir beeilten uns, ihm zu folgen. Wir blickten über die scharfen Kanten der weißen Felsen hinüber, und ich vergaß die himmlische Musik.

Eine zackige Steinwelt in allen möglichen blauen Farbentönen lag unter uns. Weiße Adern schlängelten sich durch tiefblaue Thäler, und fast durchsichtiges Lichtblau umgab die Spitzen und Kanten des Gesteins. Ueber den wild durchklüfteten Formenschichten wölbte sich ein wolkenloser Prunkhimmel in dunkelviolettem Vollglanz.

In der Ferne gingen die blauen Berge in strahlende Silberrisse über, auf deren Höhen ein Staub= und Dunstmeer lagerte; diesem steuerten wir zu. Da schallte langer Freudenruf vom Himmel hernieder, Schwalben schossen blitzschnell an uns vorbei. Wir sahen durch die grüßenden Engelscharen ein seltsames Gefährt heransausen. Eine hohe Frauengestalt, von einem mächtigen Gewande umweht, jagte zu den Silberriffen. Der kirschrothe Mantel bauschte sich hoch in die Lüfte. Unzählige hellgrüne Vögel wurden an gelben Seidenbändern von dem herrlichen Weibe gezügelt. Sie selbst stand in einem großen runden Weidengeflechte, von dem trocknes Gras und Stroh herabhing; Massen von Schwalben wiegten sich um den nestartigen Korb. Die großen schwarzen Augen der schönen Frau richteten sich erstaunt auf den Teufelszug, und ich empfand die Schönheit dieser üppig vollen Erscheinung; schwarzes, langes Haar fiel in wallenden Strähnen um Schulter und Gesicht. Das Paradies hatte mehr Schönheiten, als ich dachte. Ich verglich diese mit jener im Muschelwagen, den Tauben zogen, und merkte, daß ich vorschnell den Preis für die höchsten Reize vergeben hatte. Lauter Gruß hallte der Eiligen nach.

Selige Fahrt,
Du stürmische Maid!

Ihre Gewänder und Bänder flatterten; wie eine Flagge peitschte das rothe Tuch die lustigen Winde. Das Zwitschern der Vögel war bald nicht mehr zu hören. Hinter den Bergen verschwanden sie, und als wir oben im silbernen Gebirge umherschauten, zeigte sich keine Spur von dem flinken Vogelgespann.

Hoch aufwirbelnde Staubmassen wälzten sich an uns vor-

4

über. Empor in die Lüfte mußten wir fliegen, um durchzu-
kommen. Und als wir endlich wieder aufathmen konnten, erblickten
wir einen gewaltigen Wasserfall, der aus solcher Höhe herunter-
stürzte, daß wir glaubten, das Wasser fiele aus den Wolken.
Sand und Steingeröll bedeckte den Boden. Der Strom bildete
vor uns einen Bogen nach links und versank dann in noch
größere Tiefen. Jene Staubberge, welche von der anderen Seite
herabrollten, vermischten sich mit den Fluten und hüllten sie ein.
Wir wurden betäubt; hinter uns der schrill pfeifende Zug des
Staubes, vor uns das ohrzerreißende Sturzgetöse.

Auf schweren Silberblöcken saß eine Anzahl kräftiger, junger
Männer von bräunlicher Hautfarbe. Die großen Flügel waren
schwarz oder grau mit weißen Stellen. Sehnen und Knochen
machten sich am ganzen Körper sichtbar, erstaunliche Kraft mußten
diese Glieder verbergen. Als wir ankamen, lachten die Braunen,
zeigten auf ihre Schultern und stritten heftig mit einander. Zwei
liefen darauf zu uns, wiesen wieder auf ihre Schultern und
riefen „Hinauffliegen!" Dabei hoben sie die Hände gegen den
Wasserfall. Ich schwang mich sogleich dem einen Mann um den
Hals und kreuzte die Beine unter seinem rauhen Kinn. Bohr
bot sich dem anderen Engel an, und fort ging es, gerade als
wollten wir in den Strudeln baden. Doch der Wind warf mich
beinahe von meinem Sitz herab, ich mußte mich an den Haaren
meines Engels festhalten. Der Luftzug ward gewaltig.

Ha, Sturmjagd saust
Mit heulender Wut —
Ich halte mich fest,
Lustig keuche den Seesturz hinauf!
Die Wasserwälle
Poltern und dröhnen,
Sie stampfen ihr Bett.
Die Quadern bersten, knacken und stöhnen.
Die Flutenströme
Tosen und toben,
Kippen die Klippen,
Reißen, sprengen die Felsensehnen;
Pressen und hetzen

Im Schaumgebrodel
Klötze, Bäume
Zum schauerlich brausenden Thalesgrund.
Aufspritzen die Perlen,
Zerstieben in Dunst
Und baden die Glieder
Der kühn verwegenen Wogenstürmer.
O, Himmelskräfte!
Schon ächzt mein Engel,
Er stürzt mir zagend
Im stärksten Gefäll
Auf rissige Riffe.
Wir krallen uns zitternd
In klaffende Spalten
Und stieren zur Höhe,
Der grollende Donner
Der macht uns taub.

Dichter Regen verdeckte die Aussicht. Ich sah und hörte
nichts mehr, aber plötzlich:

Ein knatternder Knall!
Ein prasselnder Prall!
Das Riff versank.
Wir kämpfen mit mächtigem Flügelschlag
Gegen Sturm und Gischt.
Wild branden die Wogen im Felsenloch,
Ein Riesenstein in prächtigem Bogen
Springt grimmig krachend mit dumpfem Schlag
Von Bank zu Bank.
Nun gähnt uns der Tod im Wellengezisch,
Wir peitschen und treten den pfeilschnellen Wind
Und streben und schweben und heben uns höher
Und schnauben und beben
Und ringen in fürchterlich rasender Schlacht
Mit Sprudelgedränge in gräßlicher Enge,
Doch endlich siegen wir über die Lüfte,
Die milder und stiller.
Und athemlos langen wir oben an,

4*

Ein großer See empfängt uns Müde,
Wir rasten stumm mit pochender Brust
Seitwärts vom Fall im Moosgestein.

Es dauerte lange, bis ich mein volles Bewußtsein wieder=
fand. Die Wälder entwickelten üppiges Laub, das Moos schien
so weich wie Bärenfelle, und der Aufruhr in den Schallwellen
war nicht mehr so stark wie in den Stromwellen. Wir sprachen
kein Wort, unsere Blicke versanken in der Tiefe.

Brüllberg, rausche
Schaumumbadet
Alte Wogenlieder nieder!
Brecht, ihr scharfen Blitzessträhnen,
Wuchtig in die Mauerfugen!
Bröckelt an den moosumgrünten,
Thaubedeckten Felsenwänden.
Brüllberg, rausche
Donnerweisen!

Milde Ruhe waltete im wellenlosen See. Kleine Inseln,
von Blattpflanzen umsäumt, tauchten buschig aus den Wassern
hervor. Mein Engel wies hastig in die Luft, warf mich wieder
auf seinen Rücken und schwang sich aufwärts. Ich erspähte bald
sein Ziel; ein Blumengespann, von Schmetterlingen gezogen,
schwebte zu einer Grotteninsel hinab. Der Wagen bestand nur
aus bunten Blüthen, eine große, weiße Glockenblume diente als
Sitz. Und dort saß eine jugendliche Mädchengestalt; ihr Antlitz
erröthete, wie sie unseren Gruß erwiderte. Mit zarter Anmuth
reichte sie meinem Begleiter die Hand. Ein holder Reiz umfing
den schlanken Körper, an den sich ein feiner glänzender Silber=
flor schmiegte. Mattlila Knospen umkränzten ihre blonden Haare,
die blauen Augen wurden feucht vor Freude und unvergeßlich
kindlich schön. Als der leichte, weiße Arm den braunen Leib
meines Engels umschloß, da krampfte sich etwas in mir zu=
sammen. Ich sollte die Schmetterlinge ausspannen, betrachtete
mit stiller Andacht das Gefährt und verlor mich in Sinnen und
Träumen. Sanft wiegten sich über uns große Blattgewächse.
Ich hob den Stiel der Glockenblume aus den plätschernden
Fluten, lange Blätterranken umschlangen den dicken Stengel.

Den Glockenkelch umhäkelten Kränze von duftenden Veilchen. Der breite, überhängende Doldenreif, welcher den oberen Rand des Kelches überwölbte, schillerte so bunt wie das Gewand der Schmetterlinge. Diesen nahm ich die Stricke vom Halse. Ich setzte mich mit dem größten Thiere unter einen Farrnkrautbusch. Das Blumenroß war fast größer als ich. Nun versuchte ich wieder zu dichten, denn was sollte ich thun?

> Du, Falter, sag an,
> Wer putzte Dein Kleid
> Mit diesem goldigen
> Farbengeschmeid?
> Den schwarzen Pelz
> Betupfte ein Finger,
> Der Rosen gestreichelt.
> Zwei schwellende Lippen
> Ließen beim Küssen
> Purpurne Bogen
> Auf Deinem Fell.
> Ein Schmeichelhändchen
> Betastete, drückte
> Die seidenen Fäden
> Und stickte, strickte
> Dir Kreise, Bänder,
> Blütenstaubflecken,
> Sonnglanzfedern
> Auf Deinen perligen
> Fittigsaum.
> Die glatte Wolle
> Rupfte, zupfte
> Das lieblichste Kind,
> Schüttelte emsig
> Lilienkronen
> Auf Deine Härchen,
> Bemalte, bestrich
> Die schimmernden Decken
> Mit launigem Tand
> Und lustigen Schnörkeln.

Du ließest Dir alles
Altklug gefallen
Und prangst nun mit herrlichem
Blumengefieder.
Die dieses schmückte,
Die koset dort drüben
Und mich muß betrüben,
Daß immer wieder
Ich zusehen muß.
Drum tröste mich Falter
Und gieb mir heimlich
Nach Schmetterlingsart
Einen blütensüßen
Honigkuß. —
Garstige Schnauze!
Die Haare stechen,
Du hast einen stachlichen
Hexenbart.

Er ließ auch das über sich ergehen und wackelte langsam
zu den nächsten Kräutern, ich schien ihm Honig geraubt zu haben.
Mir aber sprang ein toller Gedanke durch den Kopf, ich trat
vor die schöne Frau, verbeugte mich artig, wickelte meinen
Schweif um das rechte Bein und sprach:

Wer kann Dich schauen
Und Dich nicht lieben?
Wer, Traute, kann Dir
Als Teufel gefallen?
Drum möcht' ich, Hoffnungsloser,
Von hinnen wallen,
Mit Deinen Faltern
Mich eng befreunden;
Ich möchte, vergieb meiner Bitte,
Den See befahren
Im Blumengespann.

Dabei hatte ich mein kleines Haupt zierlich gedreht und
gewendet und stand nun aufrecht da. Hell schallte ihr munteres
Lachen. Sie konnte kaum antworten, so vergnügte sie sich, als

sie mir feierlich die Erlaubnis ertheilte, den See zu befahren. Doch sollte ich mich hübsch hoch halten in der Nähe des Wasser= falles, den See nicht verlassen und nicht lange bleiben. Ich dankte herzlich und spannte die Blumenröslein an ihren Wagen.

Düfte durchzogen meine Nase, heitere, wenig vernünftige Reden mußten meine schönen Thiere geduldig anhören. Bald jagten wir dicht am Wasserspiegel entlang, bald schweiften wir über die Inseln, dann gerade zu den Wolken in verschlungenen Bogen, in Schneckenlinien. Es war ein wonniges Behagen, so von Schmetterlingen umhergewiegt zu werden. Doch die Freude fand bald ihr Ende. Als ich über den Wasserfall und die Waldabhänge hinwegsausen wollte, kam Bohr mit dem anderen Engel. Der setzte gemütlich seinen Teufel an meine Seite und wir mußten zurück. Bohr wollte gern die Zügel halten, doch ich bat ihn rührend, eine Weile zu warten, glitt ganz dicht über die Seefläche und stieß den Dummen mit höhnischem Gelächter in die Flut. Ein paar gelbe und braune Knospen fielen hierbei ins Wasser und große Angst verwirrte mich.

Die Falterfrau sah das Alles, sie erschrak gleichfalls. Als ich am Ufer ausstieg, wandte sie sich ab und streckte die weißen Lilienhände weit wie zum Schutze hinter sich. Der Engel blickte mir ernst ins Auge, und mir war so, als ob Bohr in der Nähe lachte. Indessen ich sank auf ein Knie und flehte:

Blütenfrau! Ein Duftgedränge
Wellt sich ohne Unterlaß
Allzeit Deiner Nähe zu. —

Und die Blumen, die verloren,
In den Fluten weiterschwimmen,
Will ich gleich Dir wiederbringen.

Drum verzeih', daß Uebermut
Deiner sinnig zarten Art
Roh und böse schien.

Laß mich Deiner Augen Güte
Nur noch einmal selig machen.

Sie drehte sich langsam um und sagte: „Du bist ein Schelm." Ich floh rasch davon, holte die Blumen und legte sie zu ihren Füßen. Reizverklärt lächelte sie mich an. Und Bohr

muß sich geärgert haben, daß ich gleich nachher an ihrer linken
Seite im Wagen sitzen durfte. Mein Dank strömte dafür in die
feinsten Schmeicheleien und in die lustigsten Gedanken aus. Die
Gute hörte mir vergnügt zu und bekränzte mich sogar mit Epheu=
blättern. Wir legten einen weiten Weg zurück. Zur Rechten
und Linken flogen unsre Engel mit Wohr. Ich hatte nur Auge,
Sinn und Gedanke für meine Falterfrau, ihr Arm, ihr Kleid,
ihre blonden Haare mit der lila Blütenkrone, die Anmuth jeder
Bewegung füllte mich mit Wonne, mit herzlicher Liebe. Mir
wurde so, als wäre die lustige Blütenmaid meine liebe Schwester,
indessen, darob lachten wir beide.

Wieder rauschte was an meine Ohren. Ich blickte auf,
und riesige Wassersprudel spritzten in kräftigen Strahlen hoch in
die Höhe. Wir bemerkten sehr viele Sprudel, jagten aber ohne
Zagen zwischen ihnen durch und ließen die Wasserbälle in die
Tiefe klatschen. Wir lauschten den Plätscherspielen, unter und
neben uns brodelten die weißen Schaumkronen. Es ballten sich
weiterhin mächtige, weiße Dampfwolken empor. Das Wasser
mußte darunter kochen. Wir trieben die Schmetterlinge muthig
in die weißen Nebelwirbel, die Engel hoben den Wagen, so gut
sie konnten, und weg war die ganze Welt, denn wir sahen nichts,
fühlten nur warmes Wasser über den Körper rieseln. Aengstlich
lehnte sich das Himmelsmädchen an meine Schulter. Ich redete
der Aengstlichen zu, sie möge sich nur nicht fürchten, schloß sie in
meine Arme und fühlte glühende Hitze. Ein Kuß folgte da leise
dem andern. Zuerst wagte ich nur, Arm und Schulter zu küssen,
dann fragte ich, ob ich ihre Lippen küssen dürfte. Sie jedoch
ergriff meine beiden Ohren und küßte mich — ein einziges Mal.
Es wurde wiederum heller, und wir gelangten aus den Glut=
wolken in die kühlere Luft. Hinter uns vernahmen wir ein
Zischen und Schäumen: das Wasser des Sees mußte unten auf
Feuer stoßen.

In der Tiefe vor uns lag ein üppiger Wald. Das ganze
Thal war mit Baumkronen gefüllt. Auf den gegenüberliegenden
Höhen saßen in den Zweigen die Scharen der Engel, der
Cherubim mit den Unsrigen in der Mitte. Wunderbare Lichter
durchkreuzten den Himmel, die Falterfrau sah auf der einen

Seite rosa, auf der anderen olivfarbig aus; zwei Farbensonnen
leuchteten durch die Wolkenmassen. Ich wurde nun aufgefordert,
mit dem Bohr zu den Meinen zurückzufliegen; die Falterfrau
wollte der zartrothen Sonne entgegen. Ich spürte, wie die beiden
Engel eifersüchtig murrten, und stürzte mich kopfüber hinaus,
warf die Beine möglichst hoch und streckte die Arme zusammen
vor, nickte noch einmal zurück und kam glücklicher Weise früher
als Bohr zum Cherubim.

Alle schauten nach den Dampfwolken, welche wie eine
Wand bis zum Himmel reichten. Der Farbenzauber, der sich
drüben entfaltete, schien mir unbeschreiblich. Weiß, rosa und
oliv und dann die Schatten! Die verschiedene Helligkeit und die
auftauchenden Farbenspiele wechselten unablässig. Noch sah ich
die Schmetterlinge von rosigem Licht umflutet. Doch die Schatten
nahmen immer größeren Raum ein und die Sonnen wurden
mehr und mehr verhüllt, bis nur noch hin und wieder die
Farben über die Dampfmassen huschten und rasch verschwanden.
Nur die oberen Wolkenschichten zeigten zuletzt die feinen Farben=
schimmer. Ein großes Schauspiel ging vorüber. Wir schaukelten
oben in den höchsten Zweigen der dichtbelaubten Bäume, und
in mir erwachten wehmüthige Gefühle. Ich hatte mich so fröh=
lich ausgelassen umhergetummelt. Jetzt, da die Wolken den
ganzen Himmel bedeckten, kam mir erst das feierlich zarte Roth
und das geisterhafte Olivgrün zum Bewußtsein.

    Eine lichtumwölkte Wunderfeier
    Weht mit geistdurchklärtem Schauer
    Aus der Blätter Blütesäuseln.

    Und ich seh' im Wolkenmeere
    Graubeschleiert Nachtgestalten
    Grauengrinsend und daneben
    Närrisch dumme Lachgesichter.

    Grünlich gelbe Sonnenblitze
    Kämpfen noch mit Rosenballen
    Lautlos ihren Zauberstreit.

Wir wollten weiterziehen, aber die Berge vor uns thürmten
sich so zackig rauh und himmelhoch, daß wir nicht dachten hin=
überzufliegen, sondern in eine Schlucht steuerten. Die Engel

eilten uns still voran. Auf den Bergspitzen glänzten noch die letzten Sonnenstrahlen, im Thale ward es dunkler. Viele Gipfel überragten den Wolkenwall, der die meisten Höhen völlig einschloß. Ich erblickte auf einem schwarzen Riesenkegel eine rosalichte Burg mit Zinnen und Thurmspitzen, das erste Felsenhaus, das ich im Paradiese sah. Die Dämmerung wurde geheimnißvoller, je weiter wir zwischen den Felsen dahinflatterten, kaum unterschieden wir die Teufel von den Engeln. Alles war in schweigsame Nacht gelagert.

Höher begannen die vorderen Scharen zu steigen, einer hochgelegenen Lichtung strebten wir zu. Nun hörten wir das Brausen von unzähligen Stimmen, über uns erkannten wir Scharen und Gefährte. Am lautesten schallte das Getöse aus jener Lichtung, welche zwischen steilen Bergwänden lag. Als wir endlich dort oben anlangten, drang uns ein vielfarbiger Schimmer entgegen. Auf allen Seiten himmelhohe, von Wolken umbettete Bergkuppen! Das Stimmgewirre rauschte wie Meereswogen. Wir blickten zur Tiefe und wurden geblendet von vielen verschiedenfarbigen Flammen. Eine jäh abschüssige Felswand führte hinab. Dort unten zogen zu Fuß und zu Wagen die unendlichen Züge der Himmlischen zu Gottvater.

In Schneckenlinien schossen wir wie die Adler zu den Anderen in den Abgrund. Die Bogen und Kreise, die wir mit unserem Körper bildeten, schlangen und wanden sich in einander; wir mußten uns vor Zusammenstößen in Acht nehmen. Die Füße warfen wir so hoch wir konnten, die Flügel hielten wir wagerecht. Ein paar Luftgespanne aus Eichenblattkränzen, von schwarzen Raben gezogen, mußten ausbiegen, um uns vorbeizulassen. Junge Männer, mit frischem Waldlaub geschmückt, ahmten den Gesang von Vögeln nach. Am Felsenwege wandelten Eremiten. Tief, dumpf, sonderbar klangen ihre ernsten Weisen. Die weißen Bärte verliehen ehrwürdiges Ansehen, der freudig ruhige Blick aus den milden Augen spiegelte den Frieden ihres Innern wieder. Vorn rasselten die Wagen von schönen, schlanken Jünglingen, mit Peitschenknall empfingen sie uns. Die meisten Fahrzeuge bestanden aus flatternden Pferdemähnen, die Speichen der Räder hatten die Form von Pferdefüßen. An einem Schimmel-

gespann waren Mähne, Schweif und der Wagen selbst purpurn
gefärbt. Die Rosse hatte man mit silbernen Glocken behangen.
Der Cherubim ward eingeladen, auf dem Purpursitze Platz zu
nehmen. Wir durften auf den sechs Pferden reiten, die Alte
mußte hinten sitzen mitten in dem Wuste der Wagenhaare.

Hei, wie sich die Schimmel bäumten und wie rasch sie
weitersprengten. Zur Linken gähnte der Abgrund und an der
jenseitigen Felswand rasten andere Gefährte vorüber. Das
wilde Rufen der Rosselenker, das Wiehern der Pferde, die Gesänge der Engel und Eremiten hallten tausendfach von den
kantigen Bergesriffen zurück.

Die rothen Flammen züngelten knisternd und Funken
speiend gegen die blanken Steingetäfel. Die Zweige der um-
stehenden Bäume wiegten im Windzuge auf und nieder. Da
staute sich der Zug. In der Ferne sahen wir dunkelblaue
Brandfackeln. Lautes Haltegeschrei tönte auf dem ganzen Wege.
Wir standen still. Doch drüben tappten dicke Bären lustig weiter.
Sie rollten große, mit Pelzdecken belegte Wagen; braune, schwarze,
weiße, gefleckte Decken hingen schwer über den Rädern. Kräftige
Männer zügelten die Bären, die heftig brummten. Durch die
wilden Thiere suchte sich ein Gefährt durchzudrängen, das man
aus Hörnern und Geweihen hergestellt; darin lenkte stehend ein
hübsches Mädchen zwei Ziegenböcke. Eine Anzahl festlich ge-
kleideter Jünglinge folgte; deren Menge blieb nicht gering, und
in ihren frischen Jubelgesang stimmte bald das ganze Thal ein.
Dichte Finsternis breitete sich über die Felsgelände, die Leuchtfeuer warfen unheimlich große Schatten, ich erschrak öfters.
Unsere Pferde wurden ungeduldig. Ein wildes Schreien unterbrach plötzlich den Gesang. Die Jünglinge drückten sich rasch
an die Bergwände, und eine Anzahl Federwagen, mit Hirschen,
Rehen und leichtfüßigem Waldwild bespannt, sausten heran.
Räder, Sitze, Alles bunte schillernde Vogelfedern, zu Kronen,
Blumen, Blattwerk und wunderlichen Schirmen und Muscheln
ausgebildet. Die Thiere wurden zum schnellsten Laufen an-
getrieben. Auch wir bewegten uns langsam vorwärts. In der
Luft befanden sich ähnliche Kunstwerke aus Federn, oft aus
ganzen Flügeln gefertigt. Wie wir allmählich den blauen

Flammen nahten, hörten wir ein ungeheures, dumpfes Brüllen. Wir mußten abermals anhalten, da eine Brücke zu überschreiten war. Der Cherubim verließ jetzt seinen rothen Mähnensitz und wir flogen ihm nach. Eine andere Schlucht mündete in die unsrige, und weil dort die Menge noch zahlreicher zusammen= strömte, so konnte die Brücke nicht gleich benutzt werden.

Ich zitterte, als ich Löwen gewahrte, die garnicht auf= hörten, mit ihrem Gebrüll die Luft zu durchschüttern. Ein dunkelbrauner Führer saß in einem aufgesperrten Löwenrachen, dessen Zähne weiße Felsstücke zu sein schienen. Hinter dem Riesenkopf wogte nur die gelbe Mähne. Auch Tiger und Panther verrichteten die Dienste von Zugthieren.

Lieblich belebten sich die vom Flammenrauch durchwirbelten Lüfte. Kleine Engel staken in zierlichen Füllhörnern und lenkten eifrig stahlblaue Vögel; der eine Junge hatte sogar ein kleines Füllhorn auf das Lockenhaupt gestülpt. Lärm genug machte dieses Volk.

Wir setzten unsre Fahrt auf den Federwagen fort, wir fuhren ungemein schnell. Ich kauerte neben einem schlanken, weißen Jünglinge in einer Art Schnecke. Die beiden Räder aus langen, blauen, gelben und rothen Federn hatte man im Mittel= punkte der Schnecke befestigt. Wir steckten so tief in der vor= gedrehten Oeffnung, daß wir garnicht zur Seite sehen konnten. Die obersten Fittige der Federschnecken bogen sich zurück, wenn die Hirsche schneller zu traben begannen. Aber das Gedränge! Die kleinen Engel stießen sich in den Lüften, oft ritten drei bis vier muntre Jungen auf einem Hirsche. Die Löwen überholten wir bald.

Seltsame Gefühle überwältigten mich, als wir ein Felsen= thor erreichten. Ganz langsam gingen unsere Thiere. Die bunten Flammen spiegelten sich in dem düsteren Gestein. Die Gewölbe warfen den Schall der Stimme vielfach, stärker zurück. Es wurde grausig, als das Löwengebrüll auch hier jeden anderen Laut erstickte. Zudem donnerte noch das Brausen von Wasser= fällen. Der Anblick vom hellen Tageslicht erlaubte wieder auf= zuathmen. Nicht in friedliche Ruhe, nein, in noch viel, viel größeres Treiben geriethen wir nun. Eine weite Fläche, rings von

gewaltig hohen Bergen umgrenzt, war vollständig mit glatten Fliesen
ausgelegt und mit ungezählten Gefährten, Männern, Frauen und
Engeln gefüllt. Thiere sah ich da, die ich nie gekannt. Und
auf einem waldumrauschten Hügel glänzten silberne Kugelkuppen;
wie große Blasen hoben sie sich in den Himmel. Das sollte ein
Palast sein. Um den buschdurchwachsenen Fels krümmte sich
eine Straße, über die etwas Wunderbares herabrutschte; auf
einer großen Glocke saß eine stattliche Frau in blauem Sammet=
gewande, schwarze Rosse schleiften die silberne Halbkugel weiter;
auf den Pferden ritten Engeljungen mit Glocken als Kopf=
bedeckung, von denen blaue Federbüsche niederwehten. Noch
schönere Gespanne folgten, das eine bestand aus einigen Silber=
blasen, welche vom Sitze gedrückt erschienen und nur hinten sich
höher durchzubauschen vermochten.

Das prächtige Fliesengetäfel stampften täppische Elephanten,
Riesenochsen, und Wagen standen neben Wagen, aus Horn,
Pelz und kostbaren Metallen, mit bunten Teppichen behangen,
die einen hoch, die anderen niedrig, Einspänner aus Hirsch=
geweihen, ganz leichte und massig schwere Paradiesesgefährte.
Von allen Ecken der Berge kamen sie hervor, die Engel bestiegen
zunächst die Abhänge und suchten dann in zwei große Schluchten
zu gelangen. Auch wir flogen nun weiter in den einen Gebirgs=
pfad hinein. Das Gedränge wuchs fortwährend.

Neben uns, dicht am Felsgelände, wand sich ein mächtig
hoher Schlangenwagen. Die Ungethüme bogen sich in schwung=
vollen Wendungen über und in einander; als Räder dienten
ebenfalls Schlangen, sie rollten sich zusammen und lösten sich
wieder auf, als ob sie wirklich lebten. Das wunderliche, stets
in Bewegung gehaltene Gestell, auf dem sehr viele Platz fanden,
zog ein hochgebauter Drache mit Schuppenpanzer und stachligem
Rückenkamm; das starke Thier trabte rasch seines Weges. Vor
uns schwebte auf blauen Weintrauben ein jugendlich lachender
Greis; ihn bekränzte frisches Weinlaub; große dicke Bienen
schwärmten mit dem Traubengespann davon.

Später überraschte uns die Taubenfrau im Perlmutterglanz
ihrer Muschel. Wir sprachen zu der holden Frau wie zu einer
alten Bekannten. Indessen hier gab es in jedem Augenblick

etwas Neues. Dieses Mal däuchte mir das Neue fast unbe=
greiflich. Ein wahrer Jubelsturm brach durch die Reihen. Eine
große, weißgraue Wolke jagte, mit Frauen und Engeln bevölkert,
auf uns zu. Ringsum die Vogelgespanne flohen in wilder
Hast jäh himmelwärts. Wir wußten uns nicht zu retten und
sanken in die weichen Wolken mitten unter lachende Mädchen.
Dick fragte gleich, wie eine Wolke etwas Schweres tragen könnte.

Oft stieß sich unser prächtiges Fahrbett an den Bergnasen.
Der Sturm schien uns vorwärts zu treiben. Die Reiter
sprengten unten ganz langsam über die Heerstraße. Diese
Wolkenreise dauerte lange. Wir sausten an manchem Thale
vorbei, zuweilen ging es durch düstre Nacht, dann wurde
wieder lichter Sonnenschein über die Fluren ausgegossen.
Jedoch schon summte das laute Gewoge der Menge schwächer
herauf. Ich merkte, wir flogen langsamer.

Auf meiner Schulter fühlte ich die Hand des Cherubims
und hörte halb abwesend, wie er mich ermahnte, doch endlich
eine herrliche Dichtung zu Gottvaters Preise zu dichten. Ein
heiliges Gefühl durchbebte mich. Ja, Wunder über Wunder
empfanden meine Sinne.

Die Wolke sank in einem waldigen Bergkessel nieder, und
einige hundert jener braunen Männer, die uns den Seesturz
hinangeschleppt, kamen lachend zum Vorschein, hoben die Frauen
in ihren Arm und hinter den Bergen verschwanden die Starken
so rasch wie sie aufgetaucht.

Wir blieben auf der nebenliegenden Wiese und sahen von
dort, daß die große Wolke ruhig von den Kronen der Bäume
herabhing wie ein dickes Fell. Ich ruhte still an einer Quelle
und erblickte mein eigenes Bild. Meine Haare wuchsen struppig
und zausig. Da leuchtete das Bildnis des Cherubims über mir,
und wie häßlich nahm ich mich dagegen aus! Trotzdem war
ich selig. Hatte ich nicht das Schönste erschaut? Himmelsauen,
Kunst und Sang und Dichterglück umrauschte die Heimath der
Seligen. Der Cherubim mußte wohl ahnen, was ich dachte,
denn er sagte leise und freundlich: „Nun? Dichtest Du nicht mehr?"

„Ja, wieder dichten! Die eine Rettung giebt es, sonst bin

ich erdrückt von dem überschäumenden Reichthum, der mich zu verschlingen droht."

> O Vater, der Du Welten schufest,
> Die unser Blick nie fassen kann,
> O trock'ne meine feuchten Augen,
> Erhalt' mich auf der Wunderbahn.

Mein Herz klopfte, ich betete leise, daß Er, der Herr, meine Verse verschönen, verherrlichen möge. Ich wollte nie wieder Weisenwonne durchkosten, wenn ich jetzt den höchsten Jubelpreis zu dichten vermöchte.

Die Engelzüge wallten still ihren Weg. Zartblaue Hauchlüfte umwebten den Himmel, aufmerksam rieselte der Bach.

> Gottvater, neige gnädiglich
> Dein Ohr zu meiner Stimme.
> Allhöchster, Größter segne mich
> Und laß mich nicht vergehen.
> Was zagend mich ergreifen will,
> Das wehre gütig ab;
> Gieb Ruhe, Herzensstille mir
> Und stärke mich.

Wie ich ruhiger geworden, schrieb ich und gab das Geschriebene dem Engel. Ich dachte: „Es ist eine Kühnheit, Gott, den Vater, preisen zu wollen, der braucht kein Lob." Ich hatte gedichtet:

> Weltvaters Gedicht ist die Welt!
> Flurenflor und Quellgesäusel,
> Windebange Wolkenfransen,
> Scheckig buntes Blumenblinzeln,
> Wiesenfriede, Waldgesang,
> Jubelbraus und Sturmeshader,
> Flutgebrande, Felsenlande
> Dringen selig auf mich ein.
> Und ich kann die Prunkgewirke,
> Dieses Wunderkindeblühen,
> Diese Rauschgewaltenwogen
> Nicht ergründen, nie durchschauen.
> Doch ich singe Lautgebirge,

Um zu bergen aus den Tiefen
Nur den Luftschäumeduft.
Weltenvater, mein Gedichte
Kann nicht preisen Deine Werke,
Doch ich ringe, Dich zu fühlen,
Deinen Odem einzuathmen,
Und ich singe, wie ich kann —
Höre drum mein Kindeslallen
                    Gnädig an.
Herrlich prangend sollten glühen
Meine Lieder an Dein Ohr,
Und nun komm' ich mir so ärmlich
In dem hehrsten Reichtum vor.
Knieend bet' ich an in Demut
Deine Weltenschöpfermacht,
Will, o Vater, höre mich!
Nur Dein lieber Engel sein.

Als der Cherubim meine Verse las, durchsann ich immer wieder das Wort „Luftschäumeduft", und ich reimte etwas, das mich sehr erheiterte, denn ich faßte endlich einmal mein Streben leichter auf.

Ich, Dichter, sauge durch das Wort
Den Honig aus der Weltnatur.
Ich bin entzückt und schnell zufrieden,
Ich bin so wie ein Falter nur.
Doch bau' ich mit der Biene Fleiß
Ein Honigversehaus zum Weltenpreis.

Jede Kunst kann nur etwas von allen Dingen wiedergeben und die Dichtkunst sammelt seine Süßigkeiten, lockert die faltigen Länderhüllen und gewährt einen Blick in tiefere Gegend. Mehr kann keine Kunst; nur Gottes Kunst kann Alles.

Mein neuer Freund setzte sich zu mir nieder und strich die Haare meines zerzausten Felles glatt. Er sah mich nicht an, ich athmete kaum vor Aufregung.

„Auch für Dich wird die Zeit kommen, in der Du können wirst, was Du willst."

Diese seine Worte klangen mir wie eine Weissagung. Ich

schaute sinnend auf die Bergmassen und in die freie Luft, ich
glaubte alte Bekannte zu erkennen und ich täuschte mich nicht.
Hoch im zarten Wolkenblau erschienen Cherubime, ihre weißen
Schwingen glänzten so rein und klar. Unser Begleiter gebot
uns, durch den Wald zu einer Felsennische zu gehen, wo eine
Steintreppe sei; er meinte, wir könnten nun allein weiterziehen.
Als ich ihn fragte, ob wir am Ziele wären und ob wir uns
wiedersehen, und wir Gottvater sehen würden, da nickte der
Engel und schwebte zu den Seinigen; meine Verse hatte er mit=
genommen. Sodann schritten wir Teufel durch den Wald hinauf
und rasteten oben eine Weile vor dem laubumrankten Felseingang.

Drüben aus der Schlucht fluteten unendliche Reiterscharen
und bogen zur Rechten und zur Linken um; die übrigen Wege
mündeten wohl hinter den Bergen ganz in der Nähe, denn von
den Abhängen hallte dumpfes Stimmgesumme. Der Cherubim
ward von seinen Brüdern mit offenen Armen empfangen. Ich
starrte noch lange zu jenen empor und kam so zuletzt auf die
Treppe. Die war steil und dunkel, bestand aus Felsgemäuer,
eine Fackel warf etwas Licht hinab. Wir stiegen rasch höher
und hatten schon verschiedene Fackeln hinter uns gelassen, als
wir leise schmelzende Töne vernahmen. Ich trieb die Anderen
zu größerer Eile. Das Blut pochte mir in den Schläfen, ich
lief Allen voran, stolperte und wurde nur noch erregter. „Gott=
vater schauen!" Dieser Jubellaut klang wie ein Gebet von
meinen Lippen. Ich fühlte mich zuweilen der Ohnmacht nahe.
„Ihr Engel, Ihr Seligen höret mich! Laßt mich nicht schwach
werden!" Ich betete. Jetzt leuchtete keine Fackel mehr über
mir, der Aufgang mußte bald erklommen sein. Die Treppe
machte eine Wendung, und mich durchstrahlte das helle Tages=
licht. Im nächsten Augenblick stand ich draußen.

> Kopf an Kopf vom Lockenlicht
> Weich umrahmt.
> Weiße Flügel finden kaum
> Ihren Platz.
> Engelreigen andachtsvoll
> Ueberall.
> Weit, unendlich in die Wolken

5

Reicht die Schar.
Drüben, wo die Berge steigen,
    Uns zur Seite,
    Rings im Kreis
Leuchten lange Feierkleider
    Dicht gedrängt,
    Nicht beengt,
Doch die ungezählte Menge
    Füllt das Thal
    Bis zum Grund,
Bis zur wolkenlosen Höhe,
Wo ich nur noch Locken sehe,
Zart durchschienen von den weißen,
Glanzdurchschleiften Fittigsäumen.
    Riesenfelsenkesselrund!
Selig ist Dein Stufgelände,
Das so hehre Himmelsbürde
Mühlos tragen kann.

Kaum eine Regung machte sich unter den dichtgedrängten Scharen bemerkbar. Alle schienen auf etwas zu warten. Jetzt schwebte von ihren Lippen sanfter Gesang, doch nicht nur Engel=stimmen ertönten:

Weilesrohe, lauschgewillte,
Schmelzdurchwühlte Saitenwellen
Schweifen mild durch Flötenfluten
In die zarten Geigenwinde,
Hüpfen schmeichelnd in der Harfen
Heilig klaren Weiheklang,
Schwellen tief in Töneschauer,
Ticken, tacken, warten, bangen,
Horchen auf ein Rauschgebausche
Und verbrämen widerklingend
Würdehohen Vollgesang.
    Die Lüfte im Weisengeflüster
    Erharren die herrliche Sonnenzeit,
Wo sie sich flüchten und bergen müssen.
Flügelrauschen geht über unsere Häupter. Welche Größe!

Das sind Erzengel in silbergrauem Gewande, das dunkle Schatten herabwirft. Erstaunlich weite rosalichte Fittige, die wir garnicht in ihrem ganzen Umfange überschauen können. Lange Posaunen setzen die Erzengel an ihren Mund, und die vollen gedehnten Töne verkünden Ihn, den Allgott. Wider klingt unser Thal.

Ein Schwirren, Girren, Verklirren
Irrt Ohrverwirrend in Wirbelringen
   Zu schlüpfrigen Gipfeln,
Rollt rauschig mit Tongebirgen
   Zu grollender Macht
Und wendet in Bogengeschmeiden
   Mit leichtem Reigen
   In summendes Schweigen.
Wonnelicht rühren sich Klängegebände
Im weichen Geigengestreiche
   Zum überschwingenden
   Weltbezwingenden
   Jubelschwung.
   Es wiegen und gaukeln
   Durch Sehnensinnen
   Die jauchzenden Lieder
   Zum Himmelpreis.
   Ein Glutschallgelober
   Bricht brauszersprengt
   Hinauf zu Gottvaters
   Ewigem Thron.

— — — — — — — —

— — — — — — — —

   Ewigkeit!
   Zauberzeit!
Vater! Gott! Allmächtiger!
Deine Augen schauen nieder
   Auch auf mich.
Grau Gewölk, von Licht durchstreift,
Lagert um Dein hehres Haupt.
   Herr! Erhabner!
Beten, Knieen und Versinken!

Deinen Blick, so liebumgeistet,
Kann ich Armer nicht ertragen.
Dein Paradiese umwallender Mantel,
Den kann ich sehen, doch betten die Wolken
    Ihn völlig ein.
Dein Silberhaar! O Deine Stirne!
Da wuchs Dein Gottesweltgedanke —
Es schweige mein Wort, ich bet' Dich an.

— — — — — — — — —

— — — — — — — — —

    Im Staube lieg' ich da.
    Grabesstille — was ist?
    Gottvater verbirgt sein Angesicht.
    Millionen Engel im Weihegebet,
    Die Thränen thauen die Wange herab,
    Lüfte, störet uns nicht!

Ich hatte den Frieden gefunden, ich vergaß, verlor den alten Schmerz. Kein hastiger Wunsch verzehrte mich. Die Wolken schwanden, der blaue Himmel ward in Glanzmeere gebadet. Tiefe Andacht schlich in jede Brust. Reglos lehnten die Seligen an einander.

    Zagvoll summte zuweilen
    Ein festlich Saitengebebe
    Durch freudig zitternde Lüfte.
    Fromm umfreiten Lichtgewalten
    Heimlich herziges Glück.

Draußen, wo es noch heller, als bei uns unten, mußte noch mehr zu bewundern sein. Doch was soll das? Wir ruhten träumend weiter, und Stunde um Stunde verrann; berückende Strahlenbilder schwammen vor meinem Blick, aber sie wurden verdrängt. Er, dessen Namen ich nicht zu sagen wage, war mein einziger Gedanke. Nach langer Zeit lösten sich einige Engel von der Menge los und flogen zu den Spitzen der Berge. Allmählich folgten die Anderen, bis zuletzt so viele aufflogen, daß uns fast ein Nachtschatten umgeben wollte. Wir konnten nicht so schnell fliegen wie die Engel, ich selbst blieb ganz zurück, und zwei mitleidige Geigenmädchen ergriffen mich an beiden Händen.

Das Reich der Lüfte wurde von den Seligen erfüllt. Wir sahen nur deren Kleider und Füße, zuweilen ihre weißen Glieder, die so schön glänzten, daß ich mich fragen mußte, wozu die Gewänder seien. Jedoch die verhüllten nicht völlig den Körper; von den Lenden herab hatten viele einen langen Schnitt im Kleide. Immer höher schwebten wir, aber die Gipfel der Gebirge blieben noch fern.

„Er weilte hier." Ich sog die Luft ein, als wollte ich sie mitnehmen. Die Mengen lichteten sich. Die Berge drüben ragten noch hoch, nur auf der einen Seite hatten wir die Felsenwand erreicht. Glaubte ich Millionen gesehen zu haben, so mußte ich jetzt das Zählen einstellen. So weit die Blicke hinstreiften, waren alle Thäler und Abhänge mit nie gezählten Massen bedeckt. Männer, Frauen und die Kleinen und dann Leute von riesiger Größe. In der Tiefe standen viele Wagen. An den Bergkämmen schimmerten Blumengärten und Paläste. Was sollte hier noch vor sich gehen? Man schien überall etwas zu erwarten. Wir eilten weiter und fanden auf einem Hügel freie Plätze. Ich gesellte mich zu einigen Mädchen mit Sammetflügeln. Die eine gab mir freundlich Antwort und sagte mir, ich müsse nach jenem Thalkessel schauen, von dem wir gekommen, doch weiter links, wo ein tiefer Einschnitt eine weite Aussicht gewährte. Ein feiner Lichthauch stieg dort vor, der immer stärker wurde. „Was ist das?" fragte ich.

„Weltvaters neueste Welt." „Welt?" wiederholte ich zweifelnd. „Ja, ein Stern." Ich schwieg und in meinem Hirn jagten sich die Gedanken. „Das ist zu viel!" rief ich. „Ueber=wältigend!"

> Heller, greller, schneller
> Bebte, strebte der Blendeschein
> Zum Wolkenbach, wo Leuchten entbrannten.
>> Tiefroth glühend
>> Hob sich langsam,
>> Still ein Glanzball
>> In den Himmel auf.
> Es schnallten sich feurige Ringe
> Wuchtig heiß um den Weltenleib

Die Winde kreisten, pfiffen, gellten, zerstoben.

  Sturmhetz ächzend,

  Felsen wetzend,

  Dämme rammend

  Brüllte stöhnend nach.

Und flink umzuckten blinkende Blitze

Den fürchterlichen Riesenstern;

Ein Wolkenwetter umkränzte die Kugel.

  Welch' Wechselwenden!

  Dies Reizverschwenden!

  Kaum finster, schon licht,

  Da Spiegel, hier matt,

  Dort lila, nun grünlich,

  Ringschatten, ein Krater!

  Rauchsäulen, Gefunkel,

  Ein Wirbelgekreuze!

  Ein Flammenknäuel

  Wird fortgeschleudert.

  Es schlagen die Brände

  Durch stickenden Rauch

  Nach allen Seiten.

  Donnerrollen

  Rüttelt den Ring.

  Der platzt — und vergeht,

Hüllt' sich in düster Gewölk.

Blitzadern blicken zur Tiefe,

Wo wilder Aufruhr herrscht.

Wolkennacht umspinnt

Den grimmen Feuerkampf,

Schwebt in ewige Ferne —

Nun glänzen die alten Sterne,

Sie grüßen die neugeborene Welt.

Eine Sternnacht zog herauf. Ein einziger langer Jubellaut schallte von Thal zu Thal über die Felsen hin zu dem allgewaltigen Schöpfer, dem Vater. Eine heftige Bewegung bemächtigte sich der Scharen, die Paläste warfen bunten Lichterschimmer in die Nacht hinaus. Ein freudiges Leben begann.

Ich bat meine neue Freundin, mich nicht zu verlassen, und sie erklärte sich gleich bereit, mich umherzuführen in allen Herrlichkeiten des Paradieses. „Warst Du noch nie hier?" erkundigte sie sich, und als ich verneinte, bedauerte sie den armen Teufel, legte ihre Hand in die seine und schritt mit ihm den Hügel hinab. „Wozu seid Ihr hier?" forschte ich. Sie blieb stehen, und die Anderen zogen vorbei. „Das weißt Du auch nicht?" rief sie, schüttelte das Köpfchen und begann alles zu erklären. Sie erzählte mir, wie zu bestimmter Zeit Tausende der besten Engel auf ferne Sterne gesandt würden, um dort allen Guten zu helfen und von den Fluren des himmlischen Reiches zu berichten. „Wer dort oben auf den Sternen so lebt wie wir, dem helfen die Engel und bringen ihn dereinst zu uns her." So plauderte die Gute. „Heute Nacht werden sehr viele fortgesandt, sieh, schon eilen die Erzengel zum Vater." Da flogen sie wirklich, und wir konnten lange die Sterne nicht sehen, weil die Erzengel so groß sind. Doch auch sie verschwanden im Dunkel der Nacht und die Sterne schienen wieder mild herab.

Wir gingen weiter. Leuchtkäfer summten, Glühwürmchen durchgrünten das Dickicht der Gebüsche. Wir wandelten durch einen Garten. Blumensträuche, vom Thau beträufelt, nickten träumend an den Seiten des Weges. Auf langen Stauden schaukelten schillernde Vögel. Kleines Thiervolk nistete überall und that verstohlen und furchtsam. Veilchenduft strömte uns entgegen, und wie wir um eine Hügelkette gewandert, trafen wir die feinen Mädchengestalten, zu denen meine Begleiterin gehörte. Alle hatten sich auf dem Rasenteppich gelagert und schauten nach drüben, wo unter Palmen in buschigem Hain eine Jungfrau saß und sang. Blaues Mondlicht umgläuzte sie. Leise Musik spielte wunderliche Weise, die wie Nachahmung von Vogel- und Käferstimmen klang.

Das liebliche Mädchen begoß ein Veilchenbeet mit frischem Wasser, pflegte ihre feinen Wedelblüthen und sang dabei; zärtlich wand sie einen Strauß von Rosen und Myrthen, ein kleiner Junge fächelte ihr Kühlung mit einem Lotosblatt auf die Wangen. Es war ein feines bescheidenes Schauspiel. Waldgeister huschten aus den Sträuchern und lockten die Blumenmaid in den Wald;

mit lustigen Liedern jubelten sie von dannen. Eine Schar
munterer Buben lief dann zum Veilchenbeet und beschüttete das
mit allen möglichen Blumenarten; ganze Körbe voll wurden auf
dem Beete ausgeleert. „Wie heißt das Schauspiel?" „Die
Bösen, ich kenne es, wir müssen weiter gehen." Ich bemerkte
noch, wie ein Jüngling vorschlich, der den Boden küßte und sehr
gerührt die Hände faltete, hörte das Kichern der Bösen und
folgte willig meiner Freundin, die mir eifrig erzählte, was diese
Bösen noch alles angestiftet, wie die Liebeswerbung mißlang,
weil die Veilchen verschwunden, und wie das Kichern von den
Geigen nachgebildet, und wie die Kleinen zierliche Verse zum
Spott der guten Jungfrau vortrugen. Und so kamen wir nach
vielem Umherfliegen und Staunen an ein Thor, das von sechs
großen Säulen getragen ward. Dieselben bestanden aus Speer=
schäften, die man in ein rundes Bündel zusammengebunden.
Die Speerspitzen staken in den Kniegelenken von Panthertatzen,
die sich in die Decke krallten und die Form einer Krone dadurch
erhielten. Die Widerhaken der Spieße bildeten unter dem
prächtigen Säulenkopf einen Stachelring. Neben dieser Pforte
plauderten ein paar Cherubime. Sie blickten in das Getriebe
auf den felsigen Fluren, zu den schimmernden Bergen und zum
Sternenhimmel. Die Engel sprachen von fernen unbekannten
Welten. —

Wie ein mächtiges Feldlager lag die Landschaft vor uns,
Leuchtfeuer brannten; Gottvater hatte seine Heerscharen versammelt.
Schweigend gelangten wir durch die Säulenhalle in ein erleuchtetes
Gemach. Bunte Blumen spendeten traumhaftes Zauberlicht.
Wer ging dort? Es hallte schauerlich von den Decken herunter,
wo Vögel und Schlangen ruhig bei einander weilten. Ich be=
trachtete die Jagdbilder an den Wänden, Jagdgeräth hing da=
neben. Kein lebendes Wesen, und doch lebte alles. Zwei dicke
Nattern hatten sich halb von der Decke herabgelassen und schliefen
nun scheinbar auf dem Fußteppich. Mir wurde beklommen zu
Mute. Meine Begleiterin lachte leise, und wir gingen auf zwei
kunstvolle Schilde zu, die sich von selbst aufthaten und uns in
einen großen Saal einließen. Eine lauschende Menge wohnte
einem Schauspiele bei, „Mutterliebe" hieß es. Die Decke des

Saales schien ein großes, seidenes Tuch von blaßgrüner Farbe zu sein. Zwei steinerne Jäger in zottigen Pelzen standen am Eingange und hoben mit langen Lanzen die Seide empor. Schlangen bäumten sich drüben hoch auf, sie versuchten das schwere Zeug zu stützen. Vögel saßen auf goldenen Zweigen, von denen Lichtblüthen herabnickten; die Schnäbel wollten das Gewebe noch weiter zurückzerren. Und zwischen den großen Schlangen dort, wo die Hülle fortgezogen, redete sanft und rührend eine Mutter zu ihren beiden Söhnen. Diese nahmen Abschied von ihr, sie sollten zu dunklen, unbekannten Gestirnen fliegen. Der eine legte sein Haupt auf der Mutter Schooß und hauchte seinen Kummer in Versen aus so fein, so geistig, so tröstend. Der andere Engel betrachtete traurig einen schweren Hammer und legte ihn seufzend vor eine Bildsäule, die völlig fertig und mich entzückte: Eine schöne Frau umarmte ihre beiden Söhne; das Verstricken der Hände und Arme verwirrte, man hob gleichfalls alle Glieder, um etwas zu fassen und zu halten. Die beiden Engel schwebten davon, und die Mutter suchte Trost bei ihren kleineren Kindern, lehrte ihnen die Verse des älteren Bruders und sank schluchzend auf eine Bank. Der Schmerz fand unendlich gramvollen Ausdruck. Ein alter Greis richtete den Sinn der Verlassenen zum Vater des Himmels, und als die Nacht hereinbrach, löste sich die Qual in Thränen auf: die Kleinen brachten Glühwürmer herbei und zeigten sie jubelnd der Mutter. Darauf ward es so finster, daß wir lange Zeit nichts zu erkennen vermochten. Als die erloschenen Leuchtkelche wieder zu brennen begannen, schritten wir hinaus. Wir gingen über einige Stufen zu einem seltsamen Säulengeländer, das in großem Bogen den Saal umfaßte. Schlangen hatten sich hinter der Brüstung auf ihr Schwanzende gestellt und die Krallen von Vögeln mit den Zähnen gepackt; nun flatterten die armen Thiere gegen die Decke und schienen so mit das seidene Tuch zu tragen. Hinter diesen Schlangensäulen befanden sich Nischen, durch die wir ins Freie traten.

Märchenwanderung! Wir weilten in einem Garten. Bunte, künstlerisch prunkende Lampen in allen Formen, mit Vögeln und Schnörkeln bemalt! Sterne, Thierköpfe, Edelgestein — alles

glitzerte nur, um lustigen Freunden in trauter Laube das Ab=
schiedsfest zu verherrlichen. In frischumkränzten Bechern reichten
schlanke Knaben perlenden Trunk. Wir schauten dem lauten Ge=
triebe zu. „Wie heißt Du?" flüsterte ich leise meiner Freundin zu.
Sie hob mich lachend auf wie ein Kind. „Waldwilde heiß' ich."
Ihre Brust war frei und weiß wie Marmor, die Flügel schwarz
mit hellblauen Streifen, die dunklen Haare hingen kraus um
die Stirne und die blauen Augen lachten mich sonnig an. Mir
drängte sich eine Frage auf, die mich schon länger beschäftigte..
„Ist das Schauspiel jetzt zu Ende?" „Nein, mein kleiner Teufel,"
rief Waldwilde.

> „Später haben vom fernen Land
> Sie Mütter der Mutter
> Zum Troste gesandt.

Und zuletzt, als alle wieder zusammentrafen, da gab es ein Lieben
und Freuen, und die Mutter that alles Gute. Nur ein Mädchen
kann solches Glück ahnen."

Meine Gedanken schweiften zur Hölle, ich zuckte mit den
Schultern. „Ich weiß garnicht, daß ich eine Mutter habe."
Waldwilde preßte mich stürmisch an sich und meinte: „Dafür
bist Du auch der Dichterteufel." „Woher kennst Du meinen
Namen?" Waldwilde antwortete nicht, sie führte mich in tollem
Lauf in den nächsten Kreis, wo ich Verse machen sollte. Ich
wurde auf den Tisch hinter die großen Krüge gestellt und setzte
mich dort ruhig hin. Ich weiß nicht so recht, was ich reimte,
denn ich mußte viel trinken. Ich glaube, das lautete so:

> Wunderland! Zecherkreis!
> Nichts ich hier zu sagen weiß,
> Denn ich bin befangen.
> Warte, weile, schaue, trinke,
> Seh' euch an und blicke fort —
> Wunderort! Zecherkreis!

Man beachtete mich nicht mehr. Es nahte ein Blumenzug,
von langen, bunten Lichterstrahlen umglänzt. Ein Marsch wurde
geblasen, dumpf dröhnten kleine Pauken. Alles schien wild zu
werden. Aus großen Rosen lugten Lockenköpfe hervor. Die

Kleinen hatten sich in Blumen verwandelt. Der Leib stak in dicken Blüthenstengeln, die grünen Blätter waren Flügel.

Kelchkrause so zausig,
Schilfblätter so welkig,
Duftströmende Lilien,
Prunkknospende Rosen,
Doldenblüthen, volle Trauben,
Veilchenbusch und Nelkenstauden
Schwebten und sangen und tanzten vorbei.
Zweigleinbeflügelte Lockglockenköpfchen
Wanden den buntesten Kronekranz.
Beerengewinde, Blumenkegel,
Blüthenhut und Sträußeregen
Reihten sich heiter in eiligem Lauf
Vor unsren Augen gar lieblich auf.

Doch welcher Farbenzauber übersprühte dieses Engelheer! Jene Blumen, die wir Goldliebchen nannten, trugen Lichtfächer; bunte Farbenbüschel leuchteten strahlenförmig wie Radspeichen aus dem Kelche heraus. Jede Wendung der goldenen Blätter=hülle warf die langen Lichtkegel weit über die ganze Schar.

Schimmerschäume neigten und drehten sich,
Farbenbündel reckten und legten sich,
Die Leuchtewedel so bunt, so licht,
Sie waren selber ein Gartengedicht.

Silberne Hörner spielten fröhliche Wanderlieder. Wir konnten uns von den Blüthenengeln garnicht trennen. Wald=wilde zog leichten Schrittes mit, und ich sprang und tanzte an ihrer Hand. Bald wandelten wir auf glatten Fliesen, dann auf weichem Sande, dann über Grasteppiche neben Blumen=hügeln, Berg auf, Berg ab, an kleinen Wasserfällen vorbei. Lampensterne durchhellten das Dunkel der weiter fortstehenden Baumstämme. Ich pflückte Rosen für Waldwilde. Wir sangen alle und die Engel schwebten oft in der Luft wie ein großer Blumenstrauß, der sich brummend verneigte und dann lachend auseinanderstob. Da hinten aber brannten mehr Flammen, denn sonst wo, wir liefen näher, und der Schein blendete mich. Ich jauchzte, als ich auf der Höhe eines Hügels ein Schloß

erblickte, das ganz aus Perlen zu bestehen schien. Edelsteine
funkelten, kleine Männer mit Lachaugen und weißen Bärten
saßen auf den Kanten und den zierlichen Keilgeländern; Thürme
mit Treppen und Vorbauten waren da, große, runde Kugeln,
Glockenreife, grün, blau, roth, oliv, braun, schwarz, gelb — alle
Farben. Aus den runden und vieleckigen Fenstern strömte
tausendfarbiges Licht. Schimmernde Perltropfen umfunkelten
die Dachgesimse. Die Engelblumen flogen auf und drangen in
den Palast. Waldwilde ließ mich allein bei einem kleinen See,
wo Wasserspiele glitzerten. Ich legte meinen Kopf auf einen
Mooshaufen.

Hier laß mich ruhen!
Hier will ich träumen!
Schatten schlafen auf der Wiese
Neben langen Lichterrasen,
Wo die Thauetropfen kleben
An den Gräserspitzen.
Springequelle ringelt —
Tändelwellen auf den Teich,
Und ich lieg' im Beetebette
In den Träumekissen moosweich.
Wasserrosen zucken, schwanken;
Sinnesüßes Festbehagen
Scheint auf stiller Flimmerflur
Schlummergeister einzufrieden.
Waldesdunkel! Glanzgefunkel!
Dort im Busch ein zages Reh,
Drüben strahlt das Perlenschloß,
Leuchtewedel auf den Thürmen,
Demantspitzen, Zierzaunzacken,
Das ist eine Jubelburg.
Helle, zarte, klare, reine
Prickelseine Sonnesäume,
Wurden schwungvoll hier entrollt.

Musik wehte leise durch die Zweige der hohen Pappeln.
Mir fielen fast die Augen zu. Als Waldwilde an mich herantrat, hörte ich wilde Klänge; weiter hinten im dunkleren Wald

tanzten reizende Mädchen. Die Luft füllte sich, lauter, betäubend wurde die Stärke der Stimmen. Der Reigen stieg zu den Wolken, Pechfackeln rauchten voran, Fahnen aus knisternder Seide flatterten. Ich sollte in den Palast kommen, doch ich vermochte mich nicht aufrecht zu halten.

> Im stillsten Hain
> Möcht' ich allein
> Schlafen, schlafen,
> Denn ich bin müde.

Frauen mit pechschwarzen Fittigen schossen in einen Thalkessel hinab, die anderen Engel folgten, und wir bewunderten vom Rande oben das verwirrende Gewühl, das sich immer prächtiger auflöste, absonderliche Knoten bildete und von den kleinen Engeln beklatscht wurde. Ich weiß nichts weiter. Waldwilde hob mich an ihre Brust, und ich muß in ihren Armen entschlummert sein.

Herrliche Schlösser enttauchten noch den üppigen Wälderfluren, jedoch wie sie gebaut, weiß ich nicht. Traum und Leben verschwamm. Lichter und immer Lichter, Sterne, Bäche, Feuer, Rauch — ist das Blondchen? Sie sitzt und spielt mit Federn, ein Wolkenstuhl steht neben ihr. Wer brüllt dort? Was ist das? Ich schaute in Waldwildens Gesicht und hinter ihr standen Riesen, große, große Männer. Wir schwebten über zackige Gebirge. Die Sterne blinkten, ein Duftgewebe bläulich zart schlummerte weich wollig auf den Felsen. Ich erwachte. „Wohin?“ „Waren Löwen bei Dir?“ „Kann ich hier nicht fliegen?“ Waldwilde lachte. Abermals reckten sich Riesen hinter den Bergen auf. Wir sanken tiefer und berührten neben zwei klotzartigen Schuhen den Boden. Die Kniee der Riesen überragten unsre Köpfe. Ich empfand keine Furcht. Hoch oben die dicken Pelzgewänder, die mächtigen Knochen und die großen Bärte! Ich vernahm ein Lachen, das die Berge rund umher erschütterte.

Wir lenkten in einen Felsengang, der ziemlich steil hinabführte. Dunkelgrüne Flammen verbreiteten Licht in den weiten Räumen. Das Feuer ward von Ungethümen, Drachen und Schlangen aus Maul und Nase herausgepustet. Die Thiere waren Stein und erschreckten mich nicht. In einer großen Halle

lagen auf schweren Teppichen Panther, Löwen und gestreifte
wilde Katzen, sie heulten, wie wir heranschritten. Ich drängte
mich zitternd an meine Freundin. Diese Thiere lebten, doch sie
legten sich jetzt ruhig hin und gähnten. Die dunklen Wände
hatten Künstler bearbeitet; keine glatten Flächen, aus Würfeln,
Spitzen, Ecken und Kanten bildete man ein durchdachtes Durch=
einander von immer neuen Formen. Wir gingen durch ein
Thor, dessen Wölbung nur aus vielseitigen Würfeln bestand, die
man so kunstvoll geschichtet, daß ich nicht wußte, was die Natur
und was die Kunst gethan.

„Du, werden wir wieder ein Schauspiel sehen?“

„Ja, Du, von großen Riesen; es ist lustig.“

„Wie heißt es?“

„Des Riesen Zähmung.“

„Du, komm' schnell.“

Wir wallten durch das Thor und standen zwischen himmel=
hohen Felsen. Oben an der Decke blitzten Sterne, das schwarze
Steingethürme ragte zu ihnen hinauf. Männer mit dunkler
Hautfarbe saßen horchend vor uns. Wir schauten in eine ferne
Welt. Dort schwebten über den Wolken kleine und große Engel,
sie geigten und sangen und überblickten die großartige Landschaft.
Dickere Wolken ballten sich hervor, und dann erschien ein schwarzer
Wald, etwas braunes darunter, und nun ein Paar gewaltiger
Augen. Es war ein Riese. Die Engel schrieen ihm in die
Ohren und machten tolle Musik. Er aber brüllte so furchtbar,
daß alle Zuschauer aufsprangen. Er fluchte und benahm sich
sehr grimmig, nichts wollte er von Musik wissen. Die Engel
mußten sich flüchten, sie hielten nun großen Rath, wie sie den
Ungestümen bändigen könnten. Man hörte Sturmsausen und
die Donnersprache des Riesen in der Ferne verhallen. Wolken
umhüllten den Himmel, so daß droben die Sterne verschwanden.
Nur ein matter Schimmer überhauchte das schwarze Gestein, die
Risse rings im ungeheuren Saale gipfelten so hoch, daß wir
glaubten, die Riesen zwischen den höchsten Spitzen seien gewöhn=
liche Männer. Tiefe Höhlen unterwölbten den Untergrund der
schwarzen Mauern. Schöne Frauen und Cherubime ruhten da
behaglich auf weichen Fellen. Auch hier hatte man die Steine

nach festen Entwürfen bearbeitet. Wirr däuchte mir alles nur
am Anfange. Brüstungen, Säulen und herabhängende Blöcke
mußten Kunstwerke sein, welche Gottvaters Geist beseelte. Es
zeigte sich alles zerschlagen und zerhackt und doch mit hinreißender
Wirkung, im Banne höherer Regeln. Das Rohe, scheinbar Un=
vollendete entsprach der Größe des Saales. Ich wußte nicht,
ob die Wolken unter der Decke wirklich oder nachgeahmt, sie
verschoben sich fortwährend, verbargen oft die zuschauenden
Riesen und entluden Blitze, denen krachender Donner folgte.
Nachdem sich die düsteren Dunstmassen zertheilt, stöhnte und
brummte und krächzte und kreischte ein Stimmengeheul, das
schier unerträglich wüthete. Wir starrten in eine Welt voll Un=
geheuer, mit ihren großen Rachen und Stoßzähnen wollten sie
den wilden Riesen zerfleischen. Das entsetzliche Gebrüll legte
sich nicht einmal, als die Engel herbeischwebten. Darauf wehte
nun den thierischen Lauten zum Trotz ein Wundergesang so ohr=
bestrickend durch diesen Höllenlärm, daß die Drachen und Schlangen=
fische allmählich verstummten. Der Riese fühlte sich gerettet, und
als er nun freundlich den himmlischen Sängern zunickte und
kaum den Mund zu öffnen wagte, da schallte unerhörtes Ge=
lächter auf ihn herab. Waldwilde und ich eilten ins Freie
durch eine Grotte, wo die Cherubime ganz verloren dem Schau=
spiele lauschten. Das war eine Welt, in welche Allvater seine
Scharen zu senden pflegte. Uns umfing draußen ein duftiges
Mondlicht. Mir dröhnten die Ohren.

O himmlisches Fest! Es summte schon wieder Horn= und
Harfenklang, doch leise, sanft und sinnend; es wirkte wohlthuend.
Keine Frauenstimme, nur Geigen= und Saitenklingen zauberte
durch den herrlichsten Waldpark uralte Wälderträume fort in
die stille Nacht.

Weisenpreise wie Käferzirpen,
Wie Vogelzwitschern, wie Winderast
Wiegten sich auf in die Birkenzweige,
Zu Buchenästen, ins Waldgestrüpp.
Wie die Schwalbe Mücken jagt,
Stell' ich ewig den Tönen nach,
Mit tausend Wortefäden

Will ich ihr Eilgewirr umgeben.

Der Töne Ruhm vergehe nie!

An einem kühlen Teiche krönte man einen Dichter. Seine Freunde legten einen Kranz von Lilien um seine Stirne, die anderen Dichter jubelten dem Gefeierten zu. Ich bemerkte eine große Rauchwolke auf dem nächsten Berge, und Waldwilde theilte mir mit, daß jetzt die Heerscharen fortzögen würden. Wir flatterten darauf so hoch wie möglich.

Welcher Anblick! Ueber allen Felsen flammten berghohe Feuerbrände in vielen Farben zum stillen All. Ein Jubelbrausen schwellte durch die Mengen. Sternschnuppen blitzten in ungezählten Massen durch die anderen Gestirne. Arm in Arm eilten die Gottesboten in die Unendlichkeit.

Die Lobergluten auf den Gebirgsgipfeln verlöschten, und eine violette Sonne durchhellte die Flur, vom anderen Ende drang purpurrothes Licht. Die Engel wurden in Farbenmeere getaucht. Gelbe und tiefgrüne Farbensonnen warfen ebenfalls ihren Paradiesesschein den Dahinziehenden nach.

Wolkengespinnst umschleierte den Sonnenglanz. Die Gesänge verhallten. Nur ein paar Sterne funkelten. Es ward dunkle Nacht.

Wir hatten uns auf einem hohen Gebirge niedergelassen, um auszuruhen. Auf der höchsten Spitze stand ein Erzengel mit einem Schwert in der Hand. Er lebte nicht, er war aus Stein. Der Cherubim kam zu uns und erzählte mir, wie Gottvater meine Verse gehört und gelobt. Ich verstand nicht recht. Dann sagte der Engel, ich — ich hauptsächlich sollte Seine, Gottes Paläste schauen.

„Ich in Gottvaters Palast?“

„Cherubim, Guter! Hör' auf!“

Ich glaubte zu träumen, und man ließ mich allein.

Weithin alles Nacht. Der Erzengel drüben so groß und gewaltig. Das Schwert glänzte im Sternenlicht.

> Horch! Dort im Busch
> Flüstern und Reden.
> Jetzt hör' ich Töne,
> Was klingt dort so lieb?

Rosiger Frauenmund
Uebet Gesang.
Doch was sie da singen,
Kenn' ich das nicht?
Die Himmelsweiden
Preisen die Holden. —
O Weltenbrechendes Glück!
Lauschet sie beten:
„Will, o Vater, höre mich,
Nur Dein lieber Engel sein.“
Meine Klänge! Meine Weise!
Biege, freies Tongeleise
Um der Wellewalter Reich
Wogenbogen, die sich bäumen
In verzaustes Schlinggestricke
Lautgewebter Ringenetze!
Laß sie Berg und Thal umgarnen,
An der Sterne Zinnen hangen,
In der Plauderbäche Flut
Müssen still zur Tiefe murmeln
Meine Klänge! Meine Weise!
Vater! Weltengott!
Ich jauchze, juble, tolle,
Lach' und weine und umarme
Diese süßen Engellüfte.
Sturmheer! Eile!
Fang die Verse!
Jag' sie fort!
Treib' sie näher,
Daß sie kühlen
Meine heißen
Fieberschläfe.
Erzengel, Du mit dem Schwert
Preise mich auch!
Schau' nur, prächtiger Riese,
So göttlich mir diese Felsen

Erscheinen — dünken sie Keinem.
Wolleweit! Wiege Dich lustig
In wundertrunkner Seligkeit!

    Unbändig rühm' ich
    Glutdurchbraunten,
    Wonnzerschellten,
    Wahnverzückten,
    Hehren, edlen
    Dichterrausch.

Gold! Der ganze Berge Gold? Es ist Tag. Noch lagern die Nebel auf den Gebirgen. Oben steht der Erzengel in voller Kriegsrüstung. Wie hart und kalt dieses Gold ist, wie es doch glüht und rothe Strahlen versendet. Auf zur Höhe! — Heil mir! Seh' ich recht? Weiter! Höher! — Ha, ich weiß —

> Das Meer! Das tiefblaue Meer!
> Unermeßlich weite Ferne!
> Der Allmacht glänzender Spiegel,
> So groß, so hehr, gewaltig.
> Lehnt er, reckt er sich auf?
> Strahlengewölbe rette die Glut!
> Doch ruhig scheint ein Sonnelicht
> So frisch, so hell, voll Freude.
> Riesenengel im Panzergewand
> Ewig schaust Du staunend hinab
> In das dunkle Blau der See.
> Fürchterlich hoch ist der goldige Fels.
> Und alles ruht so friedestill.
> Dort die breite Flutenwand!
> Unergründlich grause Tiefe!
> Grenzenlose Wassermasse!
> Schwere Prachtmacht!

Waldwilde naht. Ich schaue nach den Gebirgen und bin verwirrt durch all den Prunk. Hunderte von Palästen liegen in den Bergbuchten, strahlen auf den Gipfeln der Felsen. Silber=fluren und Blütentriften! Violette Steinkegel neben großen Purpurzügen! Goldklötze, seltsame Bäume und Rosenwälder! Die Edelsteine der Burgen blenden und blinken. Es ziehen

6*

Engelscharen über eine Mooshaide. „Dichter, schnell, wir müssen weiter!" Neben mir ist meine Wildwalte. Ich weise mit dem Finger auf das Meer. Sie will mich in das Reich der reichsten Herrlichkeit führen, aber ich weiß den Glanz nicht mehr zu ertragen.

„Freundin, komm' hinab in das endlose Meer!"

„Dort durch die Schlucht."

„Nein, hier gerade mitten hinein."

„Du kannst nicht so lange fliegen."

Ich stürzte mich voran und die Wilde mir nach. Ich sei ungezogen, rief sie; aber darauf mochte ich nicht achten. In Schneckenlinien schwebten wir nieder, das Blau dort unten leuchtete so dunkel, satt und klar. Ich wurde leider müde und schöpfte auf einer Felsnase Athem. Die Wilde lachte mich aus und rastete gleichfalls nicht weit ab.

Leises Rollen,
Meeresgrollen,
Böse hallt es
In die Ohren.

Lange hockte ich da, die Faust unterm Kinn, den Ellen=bogen auf dem einen Knie, das andere Bein schlenkerte in der Luft. Dann rutschte ich hinunter, durchschnitt schneller die Winde. Das Meeresrauschen ward stärker.

Dumpfes, grimmes
Tönedröhnen!
Das ist schlimmes
Meeresstöhnen.

Wieder und wieder ritt ich keuchend auf den Felsenkanten. Ich fühlte mich erschöpft. Immer glaubte ich bald unten zu sein und jedes Mal fand ich mich getäuscht. Endlich unter=scheiden wir etwas in dem dunklen Blau:

Schaumspitzen, weiß wie Schnee,
Durchblitzen hell die See.

Abermals denke ich, wir sind nach kurzer Zeit in der schwellenden Flut und können baden. Doch der Flug nimmt kein Ende, Waldwilde erbarmt sich meiner und trägt mich, ob=gleich es ihr schwer fällt. Sie schilt mich heftig, daß ich so ge=

fährliche Fahrten unternehme. Trotzdem streichelt sie mich, denn
sie versteht garnicht zu zürnen. Schon klingt es auch wie

Donnerbrummen!

Wogensummen!

Jetzt verkleinerten sich leider die Riffnasen so sehr, daß
sich nur Einer von uns mit Mühe festzuklammern wußte. Zum
Glücke merkte ich, daß meine Flügel stärker geworden. Ich sauste
muthig tiefer.

Sturmgetose!

Wellenberge!

Schäumekronenjagd!

Meine gute Freundin verlor ich aus dem Gesicht. Kräftig
pusteten die Winde. Ich beachtete meine Mattigkeit nicht mehr,
ich fühlte mich hin= und hergeschleudert und stieß mir den linken
Fuß an einem scharfen Stein.

Höllenwüster Tobelaut

Heult und brüllt.

Wildwalte, höre die Wuth!

Ich hing an einer Mauerfuge und suchte die Wilde mit den
Augen nach allen Richtungen. Ich schrie.

Dichterschrei vergellt.

Kühn spring' ich allein

In die Brausewelt.

Nun überblickte ich den Strand, die weiße Düne. Die
Wellen liefen hoch und stolz heran wie Löwen, vornehm ließen
sie am Ufer ihre Schaumköpfe in den Sand rollen. Ich sank
am Seegestade auf einen Hügel. Walbwilde badete schon.
Lustig jubelte ich:

Uebermut und Lachgewalten

Mögen meiner Seele walten.

Ich eilte den Hügel hinunter und tappte in das blaue
Meer. Die Wasser waren schwerer als mein Leib, so daß
ich springen wollte, doch ich fiel fortwährend um.

Wohlig tauch' ich

In die Huldewelle,

Sink in Muldegrüfte,

Packe hochgeschnellt

Dickem Wogennacken
In die Strömesträhne;
Gleit im Lockenschaum
Unter die Wasserkrallen,
Die Fluten bespülen die Glieder,
Muscheln will ich mir haschen,
Auf dem Rücken schaukeln.
Wiegeberge schwingen
Spritzende Wogengipfel,
Senken mich und heben
Rasche Flutenspiele,
Baden eilig rollend
Zu dem Sturzgestade.
In dem Meergebrande
Rauschen dumpfe Lieder.
Beugegebirge bäume Dich nieder,
Schütte Perlen und Blasen
Zum Kranze zusammen.

Waldwilde bemerkte mich, sie konnte sich besser denn ich
auf der Wasserdecke aufrichten und verstand, die Wogen hinunter=
zugleiten. Die Gute winkte mir, und wir tummelten uns aus=
gelassen auf den Wasserwogen umher. Als wir spielmüde ge=
worden, ließen wir uns an das Ufer werfen und wandelten am
Strande entlang. Schiffe schaukelten weiterhin. Die Felsen
traten zurück und die Düne ward breit und groß.

Ich dachte damals viel über dichterische Vergleiche nach
und glaubte nun, daß die meisten dem Meere abgelauscht würden.
Das ist so gesprächig, aber es schwatzt nur in Tönen und
brummt dabei:

Seegepolter birgst Du denn
Alle Rauscheweisen?
Auf den Rolleschläuchen springen
Tausend Dichterbilder,
Ich rüste mich zur Jagd.
Alte Meeressprucht!
Im weißen Wellepelzeschmelz
Strahlt der Stein von reinster Farbe,

Schwimmt das Urbild jeder Woge,
Du bist die schönste Bilderflur.
Laß mich Deinen Wellenköpfen
In den bunten Schädel schauen!
Schaumkopf! Schüttle Dich!

Unermüdlich glätten die Gewässer den feuchten Sand,
schütten Muscheln und Seetang an die Düne, kommen und
gehen und hören nie auf, zu rauschen, zu wogen.

Das Aussehen der Schiffe überraschte mich. Ich glaubte,
Ungeheuer zu erblicken; ein großer, brauner Fisch mit Stacheln
und dickem Kopfe hatte vorne auf der Stirne und an den Seiten
schlangenartige Rüssel, welche sich, mit den Segeltauen ver=
schlungen, wild emporreckten. Sammet= und Pelzdecken lagen
auf dem Rücken des Thieres, ein seidenes Segeltuch mit gelben
und hellgrünen Streifen hing schlaff an einem langen Speere.
Der Hinterleib ringelte sich mit schwerfälliger Anmuth in einen
hohen Knoten. Kleine Jungen hingen sich an die kräftigen
Schlangenarme, als ob der grimme Fisch gebändigt werden sollte.

Ein zweites Fahrzeug hatte die Form einer Riesenschnecke.
Auf dem großen Schneckenhause saß ein Riesenschmetterling,
dessen bunte Flügel als Segel dienten.

Ein Boot bestand scheinbar aus langen Stacheln, in denen
die Wasser reizend zersprißten. Mächtige Lotosblätter waren wie
Segel ausgespannt.

Nachdem Waldwilde mir diese wunderlichen Barken gezeigt,
wollte sie mich malen; ich mußte ihr zu Gefallen auf dem Sande
Platz nehmen und in einen kleinen Tümpel starren. Ich beob=
achtete im Wasser mein Spiegelbild, das Kräuselwellen verzerrten.

Schief verschoben, breit und lang
Albern sinnverdrehte Frazen,
Weinemaul, Gelächterfalten,
Denkerstirne, Höllenschädel,
Ziegenbart nach Teufelsart,
Alles schwamm, bog, drückte sich
In dem närrisch dummen Spiegel,
Doch der Himmel über mir
Wurde grad' so bös zerzaust.

Hell lacht' ich über die Spotteflut,
Zerrbilder malte die Wilde nicht.

Ich sann abermals über die Bedeutung der Bilder=
sprache nach.

„Nur durch Vergleich kommt uns eine Vorstellung zum
Bewußtsein."

Nach diesem Satze spreizte ich die fünf Finger gegen den
Tümpel und nahm eine vornehme Haltung an. Das Ende
meiner Gedankenreigen war die Ueberzeugung, daß Erkennen
nichts als ewiges Vergleichen sei.

„Das Unbekannte muß an das Bekannte geknüpft werden,
anders vermögen wir fremden Dingen nicht nahe zu treten."

Das mußte ich laut gesprochen haben, denn die Wilde
lachte ganz unbändig.

Drüben in der See blitzten weiße Sonneflecken. Ein
glitzernder, blendender Silberglanz verscheuchte das dunkle Blau,
aber nur vor uns vom Strande bis dorthin, wo der Himmel
anfing emporzusteigen. Die Schiffe schaukelten. Flügelschlag
wehte durch die Lüfte.

„Sie kommen schon. Wildwalte, sieh, der Cherubim, die
Blonde, Bohr, Dick, Muff und Falterfrauen mit solchen Flügeln,
wie Du hast. Junge Männer nahen dort vom Felsenweg.

Weilwalte, weilen wir hier?
Oder fahren wir heiter
Auf Böten weiter?"

Die Gute packte ihr Malzeug zusammen und flog zur
Schnecke. Der Cherubim schritt freundlich auf mich zu und
fragte, ob ich mich darauf freute, Gottvaters Paläste zu durch=
wandern. Ich erschrak. „Das war doch Traum!" rief ich.
„Nein," sagte der Cherubim, er erzählte von unendlicher Pracht.
„Drüben weithin am Ende des Meeres ruht in ewiger Herrlich=
keit Gottvaters Palast." Ich konnte in der Ferne nichts unter=
scheiden. Ein banges Gefühl erzitterte in meiner Brust. „Die
Wunderwunder sind unzählig —

O Cherubim, treibe zur Eile!"

Er that es, und wir segelten in das große, große Meer.
Auf der Schnecke fuhren wir. Die Wogen gossen ihre Fluten

über den weichen Pelz des Ungetüms. Die Winde griffen
heftig in die Falterflügel. Wir mußten uns in Decken hüllen;
ich erhielt ein gelbwollenes Tuch, auf dem man hellgrüne Blumen
sehr zart eingestickt. Wenn wir draußen weilten, banden wir
einen langen Strick um den Leib, damit die Wellenzunge uns
nicht verschlingen könne. Ich drang auf dem Vorderteil bis
zu den stämmigen Fühlhörnern vor, wo sich Waldwilde aufhielt.
Das Brausen und Schäumen toste unermüdlich. Ich fiel einige
Male ins Wasser. Die Wilde betrachtete oben auf einem Fühl=
horn mein eben vollendetes Bildnis. Ich kletterte zu ihr mühsam
empor. Zapfen und Narben mußte man als Treppenstiegen be=
nutzen. Die Zeichnung erschreckte mich, mein Gesichtsausdruck
schien sehr erregt, das struppige Haar und der zerzauste Ziegen=
bart erhöhten noch die Wildheit des Kopfes; fieberhaft stierte
das gierige Auge. Ich gab das Blatt zurück und beobachtete
das Gebraus der Wasserballen. Wir wurden hin und her ge=
worfen. Es ging auf und ab, nieder und schwindelnd hoch.
Ewiges Schleudern und Sinken!

Kaum erhaben, schon vergraben.

An der Küste lagen lange Reihen großer Kähne. Eine
prunkende Barke fuhr dicht neben uns vorbei. Das ganze Boot
bestand aus Federn; die Segel hingen in schief aufgerichteter
Fächerform an den Masten, und die Engel lagen auf dem
weichsten Flaum. Hochwallende Büschel wehten herüber. Sera=
phime mit gelben und rothen Fittigen lagerten hoch in kelch=
artigen Mastkörben. Der Schimmerglanz in tausend Farben
umschillerte alle Teile des Schiffes, das in eine längliche
Muschelform auslief. Es verschwand bald und wir trafen noch
verschiedene andere Fahrzeuge.

Doch die Küste! Die Felsen! Blind mußte ich gewesen
sein, denn ich hatte sie noch nicht bemerkt; und sie wölbten sich
so riesenhaft in den Himmel, daß ich garnicht hinaufschauen
konnte. Blumenreiche, waldbehangene Schluchten schnitten tief
in die Gebirge. Schwarze Steinwände, steil und glatt, ragten
zu schrecklichen Höhen. Grimmig zerrissene Klippen liefen weit
in die See, und die Wogen zerschellten an ihnen. Ich verließ
die Fühlhörner und wollte auf das Dach des Schneckenhauses,

dort mußte die Aussicht freier sein. Die Blonde, Muff und die
Anderen erzählten sich geschäftig von allen Wundern, welche sie
durchkostet. Ich kletterte mit der Wilden auf das Gehäuse, wir
gesellten uns zu einigen jungen Männern. Purpurberge um=
kränzten die herrliche Felsenpracht. Ueber den schwarzen und
braunen Steinklüften thürmten sich zur Linken glanzviolette Berg=
kegel, Silberadern schlängelten sich durch die Tannenwälder, in
denen Nebeldüfte lagerten. Zur Rechten ruhte das Goldgebirge.
Ein grüner Felsenkeil reckte sich wie ein Tannenzapfen nach
unten. Auf dessen Spitze glaubten wir eine Perle zu erspähen
das war ein Schloß. Die großen Burgen leuchteten wie Edel=
steine auf den Kuppen und Zinnen der Mauerwälle. Doch die
Spitze des Goldklotzes funkelte noch heller; da thronte das Stand=
bild des Erzengels. So hoch wie dieser strahlte kein Berg in
den blauen Lichthimmel hinein. Zwar dünkte mir das Schwert
kleiner als Nadelspitzen, aber es blitzte, als beherrschte der Engel
Meer und Land. „Schlachtenküste" hieß dieses Felsreich.

Die gewaltigen Sammetflügel unseres Schmetterlings senkten
ihre Schatten auf unsere Köpfe. Ich kroch auf das dicke Falter=
haupt, ein schlanker Jüngling, von den Uebrigen der Sagetraum
genannt, war mir vorangeeilt. Sagetraum wies nach den Gipfeln
des Goldberges und sprach:

„Du weißt wohl nicht, wer jenen machtvollen Helden ge=
bildet hat und zum ewigen Zeichen so hoch dahingestellt, — All=
vater that das. Unendliche Zeiten gingen seitdem über die
Himmelslande, Friedesflur ward dieses Reich. Und doch hatten
hier gräßliche Kämpfe gewüthet. Der Satan, Dein Vater, verlor
dort oben in wilder Feuerschlacht unzählige Männer. Er, der
Trotzige, mußte fliehen, und seit jener Zeit denken die Teufel an
Macht und Gewalt und verzehren ihre Kraft, um die Welt zu
bezwingen. Das tönt uns wie fern verklungene Kunde. Alt,
uralt ist das Paradies; der Erzengel ist älter als wir Alle.
Wenn wir auf dem Meere fahren, so ist jene Riesengestalt unser
Wegweiser. Die Schauer der Urzeit lagern in jenen Steingrüften,
es weht der Athem vergessener Tage um die Schlachtenküste."

Der Erzähler streckte den Arm in die Weite und seufzte.
Es rieselte kalt durch meine Glieder, ich sah stumm auf den

Cherubim, der hinten auf unserem Schiffe mit der Blonden
plauderte. Graue Wolken umlagerten die Gipfel der Schlachten=
küste. Wir gingen in das Schneckenhaus hinunter. Der Ernst
meines Begleiters beängstigte mich, darum war ich erfreut, als
ich Waldwildens Stimme hörte. Doch sie selbst blieb unsichtbar;
eine mattgrüne Ampel leuchtete nicht heller als ein großer Glüh=
wurm. Träumerische Dämmerung umwebte düster die schweren
Pelze der Wände. Die Stille beklemmte meine Brust. Das
Brausen der See drang dumpf durch die dicken Decken. Wir
legten uns auf die weichen Pfühle, und Sagetraum bat einen
Knaben, die Siegesweisen vom Erzengel zu singen. Der Sänger
saß oben tiefer im Gehäuse der Schnecke, und die Harfentöne
klangen fern und leise zu uns hernieder. Es hallte der Traum
der Sage durch das Dunkel des Gemachs, und das uralte Ge=
dicht umhauchte uns mit seinem Siegesgesang. Hastiger wurde
die Weise, Engel mit gezückter Klinge bewahrten die Heiligtümer
der himmlischen Kunst. Satan floh und verbarg die Seinen im
Flammenbade der Hölle. Unendlich schmerzlich wehte der Gram
um die Verlorenen durch die Saiten der Harfe. Ewig schlummert
die Sage.

Nach langem Schweigen frug ich schüchtern, ob noch andere
Weltwesen jemals mit Gottvater gekämpft hätten. Sagetraum
verneinte: „Die Teufel sind so alt wie die Cherubime und
Seraphime. Durch der Liebe Kraft pflanzten sie sich fort. All=
vater gab ihnen das Wasser des Lebens. Die Teufel fielen ab
und verblieben im Banne der Liebe. Gott aber nahm seinen
himmlischen Scharen auch die Qual des Gattungstriebes, ohne
die Wonnen desselben zu vernichten. Die Bewohner der übrigen
Welten gab er noch obendrein dem Hunger preis. Prüfen
wollte er Alle. Nur wer trotz Hunger und Liebe der Kunst
sein Leben weiht, sie höher stellt als jedes Glück, der ist für die
Himmelslande reif." Ein Anderer meinte hierzu: „Und der
Teufel will nur das Machtglück kennen. Er wirbt auf allen
Sternen für sein Reich, das herrschen will selbst über Gottvater,
das die Kunst zerstören will und in ewigem Ringen zu Grunde
gehen möchte."

„Und die Wollust?" warf ich ein.

„Die hat Satan erdacht, um die Liebe zu tödten, weil die Liebe selbst den Ehrgeiz vernichten kann."

„Und was nennt Ihr nun Kunst?" rief ich neugierig.

„Das Darstellen erfaßter Empfindungen."

„Und Empfindung heißt?"

„Entweder ein Sinneseindruck oder eine zusammenhängende Masse von Sinneseindrücken."

„Kunst heißt also: Empfindungen so voll auffassen, um sie darstellen zu können."

„Ja, Teufel, das Darstellen ist die eigentliche Kunst, denn die Darstellungsfähigkeit ist der Prüfstein für die Empfindungs= fähigkeit. Empfindungen, die wir nicht so fest ergriffen haben, daß wir sie wiedergeben können, sind für uns eigentlich nicht in ihrer Fülle dagewesen."

„Was heißt Wissen?"

„Erkennen vom Zusammenhängen verschiedener Eindrücke; nur ein Hilfsmittel für die Durchdringung unserer Empfindungen. Das Wissen will auch die Welt begreifen, doch viele vergessen, daß wir von der Welt nichts als Sinneseindrücke haben. Wer diese verarbeitet, wird hingelenkt zur künstlerischen Darstellung der Gefühle von Auge, Ohr, Tastsinn, Geruch= und Geschmackssinn."

Ich jauchzte vor Freude. „O wäre doch Dick hier, ich bin ganz Deiner Meinung. Aber höre, ich halte das Brüten über Natur= gesetzen und Aehnlichem ebenfalls für müßig, weil ich wenigstens auch nie über die Sinneseindrücke hinwegkomme."

„Ja, Gottvater hat Geheimnisse für sich behalten. Diese kennen zu lernen, kann nur Ziel der Machtsucht sein. Wir Engel wollen oft vor Geheimnissen, vor dem Unergründlichen stehen, und unsere Dichter bemühen sich zum Höchsten, dieser Stimmung einen wunderbaren Ausdruck zu verleihen."

Ich wollte nun etwas anderes sagen und meinte:

„Macht und Lust und Liebe erzeugen doch ebenfalls Empfindungen oder Stimmungen, die doch auch darzustellen sind."

„Macht und Liebe, mein kluger Teufel, bestehen aus sehr vielen Bildern, Eindrücken und Gemüthsverfassungen. Nun — die Liebe wird auch im Himmel dargestellt, und die Macht kennt jeder Künstler, der seine Kunst bemeistert hat. Die Künste

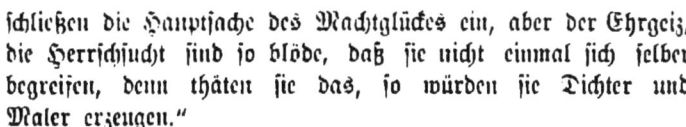

schließen die Hauptsache des Machtglückes ein, aber der Ehrgeiz, die Herrschsucht sind so blöde, daß sie nicht einmal sich selber begreifen, denn thäten sie das, so würden sie Dichter und Maler erzeugen."

„Ja, ja, aber die Lust?"

„Auch sie hindert den Künstler."

„Ich bin Teufel und kenne die Engelliebe nicht, auch die Lustempfindungen muß ich für würdig erachten, künstlerisch be= handelt zu werden." „So thu' das doch," rief die Waldwilde und schlug die Decken vor dem Eingange zurück. Wir folgten ihr Alle. —

Draußen war es Nacht geworden. Buntes Lampenlicht begrüßte uns, an den Fühlhörnern der Schnecke flatterten seidene Flaggen. Die Engel und die Mädchen tranken Wein. Die Teufel lagen ihnen zur Seite, und die warmen Fluten spülten um unsere Füße. Ein neuer Ankömmling im Paradiese redete mit feurigen Blicken von den Leiden, welche man auf seinem Heimatstern erdulden mußte, wie er Magendrücken und Liebe= sehnen zu überwinden gewußt. Er sagte zuletzt mit schelmischem Augenzwinkern: „Das Leiden haben die Teufel verschuldet, die uns nun noch allzu gern in die Qual der Machtgelüste zerren möchten. Wären die Teufel niemals abtrünnig geworden, so hätten die Weltwesen keine Prüfungszeit zu durchkosten und auf jedem Weltball lebte statt Kampf und Kummer der Friede seliger Gefilde."

Waldwilde befahl mir lachend, ein paar Weinlieder vor= zutragen, ich könnte damit die Sünde meines Vaters zum Teile tilgen. Ich ließ mich nicht bitten. Die Gedanken strömten mir zu, viele hatten schon Form und Wortgestalt. Als die Gläser und Krüge verklungen, sprang ich auf.

Wein, Du durchwühlst mein Adergeäst
    Mit lüsterner Glut!
Ich fliege, siege, streife, liege
    Auf Sonnen und Monden,
In fernster, himmelvergessener Pracht;
Klirrender Säbel krachende Hiebe
Dröhnen und pfeifen im Saus an das Ohr.

Doch ich sitze mit Dichtern und preise
  Die Künste, das Glück.
Ich lass' alles Stöhnen, schreibe nur, male. —
Liebesgedanken gaukeln und locken
Die Wonnegebilde zur ewigen Nacht,
Doch ich breche die Träume,
Schaffe die Schäume schallender Kunst. —
Da preisen bübische Koboldzungen
  In allen Ecken
Das schnalzende Schmecken der leckeren Speisen.
Fort, ihr Gewalten! Ich darf nur schalten
  Im Reiche der Weisen,
Worte zerdrücken, kneten, gestalten. —
Rieselrinnen zucket, zündet
In den Sehnen Glüheströme.
Hochgeschwellte Sinnebrüste,
Weiche Leiber, Frauenküsse,
Ach, ich recke mich und strecke
Kunstverloren meinen Arm
Zu der Lende süßer Fülle.
Hei! Wie fühl' ich Tastetöne,
Meine Schöne lacht so grellicht.
Dieser Tastesinnempfindung
Weih' ich wilder Lieder Schmelz.
Und ich singe, spott' und höhne,
Künde künstlerische Wut.
Ich glaub' ohne Teufelszagen,
Wahrhaft engelgut zu sein.
Ob ich lebe, ob ich sterbe,
Ob der Hunger mich verderbe,
Ob die Liebe quält und schreit,
In den Himmel muß ich kommen,
Denn ich blieb der Dichtkunst treu.
Wein durchwühle die Zweige der Adern
  Mit lüsterner Glut.

Waldwilde zeigte mit dem Finger auf mich und erklärte
mich für den bösesten Teufel. Aber ich führte das letzte Gespräch

zu meiner Vertheidigung vor. Man wollte mich widerlegen, man stritt, man trank, und der neue Himmelsbürger drückte meine beiden Hände, erzählte, wie er wirklich am Hunger gestorben wäre und wie er, so schmerzlich es sei, doch dadurch unaussprechlich glücklich geworden, er betheuerte, daß einige meiner Verse ihm völlig aus dem Herzen gedichtet; und er hörte nicht auf, alles Mögliche gut zu machen, was er in Gedanken an mir verschuldet haben wollte. Darauf hub ein älterer Engel zu reden an, er warf mir vor, mein Gedicht sei vollständig ausschweifend, nicht die Wiedergabe einer bestimmten Stimmung. Ich versetzte: „Nein, die Stimmung war so." Nun meinte er: „Man kann auch dem Unsinn eine Anzahl von Empfindungen ablauschen." Ich machte hierauf feierlich bekannt, daß ich sofort den größten Unsinn besingen möchte. Natürlich lachten Alle, und Lacher sind schlechte Gegner. Ich fragte noch rasch den Neuling aus der Hungerwelt, ob ihm der Himmel als Friedeflur erschiene, und der Alte schwieg, lachte mit, trank und nickte mir am Ende freundlich zu. In welcher Art der tolle Spaß geendet, mögen die Engel wissen; gereimt soll ich noch herzlich viel haben, aber die Winde flohen mit der lockeren Beute in das brausende Meer. Ich weiß nur, daß ich nach langer Zeit erwachte, die helle Sonne wiederfand, und Waldwilde neben mir malend erblickte. Die Blonde saß mit dem Cherubim halb in den Wellen, beide freuten sich über mir unbekannte Dinge. Die Hexe hockte zwischen den Vorderbeinen des Segelfalters genau so, wie an dem lustigen Abend, als wir Wein tranken und den Unsinn besangen.

Muff gesellte sich zu uns. Wir beide betrachteten Waldwildens Malerei, ein großer Sack mit Seebildern nahm unsre ganze Aufmerksamkeit in Anspruch. Wir stritten über Meerfarben und Himmelstöne, über Wolkenschatten und Lichtkegel. Ich neigte zu der Ansicht, daß der Himmel der schönste Theil des Himmels sei, und die Wilde erkundigte sich, ob wir schon in einem Palaste gewesen. Ich verneinte, und sie behauptete: „Die Schlösser sind wohl die größten Kunstwerke; Dichter, Du wirst staunen." Ich dachte, bald genug bewundert zu haben, und immer reizetrunkner wird die Wunderfahrt, Gottvaters Burg ist unser Ziel. Fast ermüdete mich die grenzenlose Fülle, ich fühlte mich so klein und schwach. Wehmütig blätterte ich in den Zeichnungen, und meine liebe Freundin versprach, mir eine Landschaft zu schenken mit blauem Meere, goldigen Wolken und frischem Sonneglanz.

Die Wogen plätscherten leise um unser Fahrzeug. Wir segelten langsam durch die Flut. Die Teufel wurden mit Kunst= sachen beschäftigt. Die Männer und Frauen zeigten uns fein verzierte Geräthe. Bohr klebte Muschelschalen mit Korallenketten und bunten Steinen zusammen. Die Schwarze stickte Blumen. Ich schrieb viel, und Muff wollte das Meer durch dumpfe Blasen wiedergeben, oft sang er uns sonderbare Tonfolgen vor, er spielte bei Dämmerschein auf der Harfe. Manche Sternen= nacht zog herauf.

Ich beobachtete das Farbenglitzern der See und verarbeitete meine Gedanken über die Lust, mit Dick unterhielt ich mich gern. Zeiten kamen auch, in denen ich nur Fratzen zeichnete, wollüstige Bilder vor mein Auge zauberte und wegen meiner Unthätigkeit gescholten wurde. Stundenlang träumte ich. Mit Dick lebte ich wieder in bester Freundschaft. Einmal suchte ich ihn über unser gegenseitiges Verhältnis aufzuklären und meinte: „Dick, weißt Du, wenn wir auch wenig mitsammen reden, gern haben wir uns dennoch. Du willst die Welt durch Erkennen aller Zu= sammenhänge erfassen, ich greife nur nach dem Farben= und Lustspiel, daher bin ich heiter, kindlich froh, ein altes Kind. Du bist ernst, das sieht sich besser an." „Ich besitze leider Deinen leichten Mut nicht." „Dafür bist Du nie so recht albern und unangenehm wie ich. Sei zufrieden und schwatze über Kunst." Da wandte er sich böse ab. Er schwatze nie, versetzte der ge= lehrte Teufel.

Nach einer Reihe von Tagen machte sich große Bewegung auf dem Schiffe bemerkbar. Man starrte auf einen weißen Fleck in der Ferne. Das Land war nahe. Lebhaft wandelten wir auf und ab und bestiegen das Schneckenhaus. Ich wollte aber= mals den Cherubim in Betreff der Engelliebe ausforschen und redete von neuem über Kunst und Lust. Dieses Mal gab jener mir gründlich Bescheid: „Bei der Wollust empfindet nur der Tastsinn, derselbe darf nicht mit Augen= oder Ohreindrücken ver=

glichen werden, weil diese Sinne um Hauptes Länge die anderen überragen und eigentlich ganz allein zu der Kunst in Beziehungen stehen."

In kurzem trat das Land klar über den Meeresspiegel. Ich fühlte mit den Fingerspitzen am Schneckenhause, an Waldwildens Körper umher und bemerkte, daß jedes Ding entweder weich oder hart, warm oder kalt sei, und daß die Abstufungen wenig Abwechslung boten. Endlich glaubte ich, überzeugt zu sein, daß die Wollust nicht zu den bedeutenden Glücksempfindungen gehört. —

He, Paläste, öffnet Euch!
Die Fühlgefühle bin ich los.
Prunkprangen pralle dem Schiffervolk
In den harrenden Blick.

Wir segelten in eine Flußmündung und ein Blumenschloß berückte mein Auge. Lauben auf Lauben, von Schlinggewächsen umnetzt, bald tief in den Blütenhügeln verborgen, bald weit überhangend. Kuppeln, von Sträußen gebildet, mit dicken, hohen Staubgefäßen gekrönt; Thürme von Beeren und Trauben. Gelbes Buschwerk, Blätterkronen, Erker und Hallengänge mit Gräsersäulen und Tulpengeländer. Ueber einander waren die Kegel, die Kranzgewinde, die Beetedächer, die Rosenriffe dahingeschichtet. Ich wollte fortfliegen durch das wehende Säuselgeflüster der Thorranken, kühn in die Gartensäle dringen. Ich fragte und sagte nichts, floh davon und flatterte selig in eine Schilfthüre.

Duftströme wogten mir entgegen. Die hohe Halle umzäunten Veilchenwände, von weißen Streifen durchmalt. An der Decke hing ein Rasen mit langen, feinen Grashalmen. Ein Moosteppich mit rosa Knospen überbettete den Boden. Ich gelangte dann in ein Rohrreich, in dessen Mitte ein kleiner See die Decke widerspiegelte. Große, dunkelblaue Glockenblumen, so breit wie mein Arm, hingen ringsum über dem hohen Röhricht. Oben zeigte sich eine Oeffnung, ein voller, tiefrother Rosenkranz legte sich um den Rand derselben. Ich schwebte empor, und mir zur Seite wuchsen herrliche Sträuche, kantige Beetehügel und Lilienrasen umblühten laubige Kronengeranke.

7

Hyazinthenzäune,
Myrthenhecken,
Rosmarin und Erika,
Kräuterbüschel, Haideröslein,
Dieser Blumensprache Wohllaut
Dünkte mir ein Zauberschlüssel
Für die duftende Märchenburg.

Ich dachte an den alten Eremiten, der hatte mich die
Blumennamen gelehrt. Ob ich sie richtig anwandte, weiß ich
nicht mehr. Ich flog weiter und sang, bunte Vöglein zwitscherten,
pfiffen, flatterten in ihr Nest. Die Gewölbe der Hallen wurden
zu Kronen und Schilfgeflechten. In manchem Erker schaute ich
hinaus in den stillen Park, ruhte an einem Tulpensee auf bunt
gewürfelten Fliesen neben Springquellen, sank in eine Epheu=
grotte hinab und war überall von den Säulen und Bogen, den
immer neuen Kränzen an den Geländern entzückt. Auf den
Rundgängen unter der Saalkuppel mochte ich länger weilen, von
dort aus überraschte der Tiefe Pracht am meisten. In einem
kleineren runden Gemach ließ ich mich zur Rast nieder. Die
reizenden Beete tauchten aus weißem Sande hervor. Durch eine
Oeffnung in einer Nische, zu der eine Treppe führte, sah ich den
blauen Himmel. Schmetterlinge flatterten um die Büsche, und
ich versenkte meinen Blick in die weichen Farbenkelche dieser
Blumenwelt. Ich wollte Worte für sie finden, die Namen, die
mir der Eremit genannt, klangen mir zu fremd, sie waren wohl
so alt wie Cherubim und Seraphim. Doch die Bilderreigen
sprangen fort. Mir kamen dicke Hexen in den Sinn. Die Wohl=
gerüche berauschten mich. Ob Worte das Gefühl der Nase
wiedererwecken können? Allmählich umstrickte mich die wilde Sucht
nach glühenden Gliedern. Wie ich in den Felsen mit den Anderen
dahinfuhr, vergaß ich die Lüsternheit. Die lange Fahrt auf
dem Meere hatte die alten Höllengefühle von neuem erzeugt.
Ueber ihr Wesen dachte ich schärfer nach, und ich schrieb damals
noch einmal meine Meinung auf. Der Cherubim stellte mich
doch nicht recht zufrieden. Ich wollte wissen, worin die wahre
Seligkeit besteht. Nachdem ich mich aus einer ziemlich unbehag=
lichen Laune herausgerungen, begann ich so:

„Die Lust ist aus einer solchen Masse von Gefühlseindrücken
zusammengesetzt, damit man sie nicht erfassen könne und genöthigt
sei, sie immer abermals durchzukosten, ohne daß man zu be=
stimmteren Erinnerungen gelangt. Ein Trieb, der das Geschlecht
um jeden Preis fortpflanzen soll, muß mit allen Bewegungs=
mitteln ausgerüstet sein. Deshalb werden die anderen Sinne
vielfach in das Reich der Gefühllust gezogen und machen die
Empfindung noch vielgestaltiger. Die Größe des Gesammt=
eindruckes beruht auf der großen Anzahl der Sinneseindrücke.
Die große Empfindung steht aber im Dienste der Gattung und
versliegt, sobald der Dienst vollbracht. Ohr und Auge bietet
einfache, jedoch größere Empfindungen, wenn man versteht, sich
denselben ausschließlich hinzugeben. Es ist nun Thatsache, daß
uns der Lustrausch von dem Glücke des Sehens und Hörens
ablenkt, daß diesem Triebglück ein Mißbehagen, oft ein Lebens=
überdruß sowohl folgt, als vorangeht. Die Unsaßbarkeit des
Gefühls bringt eine zweite Verstimmung hervor, so daß man
auch durch diese zu neuen Versuchen angereizt wird. Die Dar=
stellung oder dichterische Wiedergabe wollüstiger Augenblicke führt
daher zu keinem friedlichen Kunstglücke, denn man soll eben nicht
Unmögliches wollen. Wir haben für die Gefühle kein äußeres
Zeichen. Sprache, Bilder, Töne vermögen keinem Gefühlseindruck
zu entsprechen. Wohl wird die Stimmung einer Wolkenmasse
schwer mit der Sprache festgebannt, doch immerhin nähert man
sich seinem Ziel, und das Auge ist voll befriedigt. Lust dar=
stellen, heißt so ziemlich Unmögliches wollen. Man kann ja wohl
alles wollen und alles für erreichbar erklären. Das thun aber
nur die Teufel, wie ich das allerdings selbst an mir erfahren
habe. Zum Höchsten müßte man sich auf jene Bilder und Töne
beschränken, welche im Augenblicke der Lust mitempfunden werden.
Ganz abgesehen davon, daß das Dasein von Augenempfindungen
in der wirklichen Lustverzückung nicht zu finden sein wird, so
dürfte man sich doch wundern, weshalb man nicht solche Sinnes=
eindrücke bevorzugt, die nicht im Dienste von Trieben stehen.
Wer sich mit Lustdarstellen befaßt, treibt unnützes Zeug, sucht
Aehren auf abgemähtem Felde.“

Dieser eigenthümliche Herzenserguß ließ nun leider ein

7*

paar Worte über hohe, niedere, höchste und gleichgültigste Augen=
blicke vermissen. Je stärker die Erregung ist, um so würdiger
ist sie der Kunst. Hiergegen muß wieder gesagt werden: „Die
Teufelslust hindert die Beschäftigung mit der Kunst. Es giebt
eine besondere Liebe bei den Engeln, es wird auch eine ähnlich
gestaltete Lust geben." Trotz dieser tröstlichen Hoffnung wurde
ich wollüstig und glaubte durch Befriedigung der Triebe die
Glückshindernisse fortschütteln zu können, obgleich ich soeben gegen
die Lüste sehr ernsthaft gepredigt.

> Gedanken fliegen schnell.
> Und der Teufel
> Bleibt doch ewig,
> Was er war.

Ich jagte durch einige Blütenzimmer, ohne von dem Zauber
der Kunst gerührt zu werden. Der ganze Palast bot ein süßes
Blumengedicht dar, alles blühte, wuchs, wie draußen im Park,
aber von Künstlerhand gepflegt, gewunden und zu Knospen=
höhlen vereint.

Durch eine hohe Thüre konnte ich einen Maler beobachten,
der nur dunkle Rosen und weißgelbe Lilien malte. Er hatte
ein gelbseidenes, faltenreiches Gewand um seine Schulter ge=
worfen. Ich hörte hinter mir Tritte, erblickte zwei braune
Männer und entfloh. „Unhold!" riefen sie mir nach.

Ich eilte zur See, ließ Park und Wiesenhügel unbeachtet.
Ich vermuthete, daß die Blonde mit dem Cherubim zusammen
am Meere sein würde, und das Erwartete bestätigte sich. Hinter
Nelkenstauden ruhten jene Beiden versteckt auf einer Moosbank.

Ich belauschte zum ersten Male die Liebe und die Lust der
Engel. Doch als ich zum Vorschein gekommen, bewies dieser
Cherubim solche Ruhe, sein Auge strahlte so friedevoll, daß mich
eine Ahnung von einem anders gearteten Gefühlsleben ergriff.
Leider wurde ich so zum zweiten Male Zeuge von der Zärtlich=
keit der Blonden zu Anderen. Es wurmte mich, und ich gab
dem Cherubim meine Schreiberei von der Teufelslust. Während
er las, machte ich Wutverse:

> Grausamer Gott!
> Den Nasebrand,

Von Qual umgrinst,
Warfst Du den Teufeln ins Fleisch.
Die zitternde Lust,
Der Fieberdurst,
Wildgrimme Gier
Martern ewig die Sehnen.
Zu seligem Glück
Erkorest Du nur
Dein Engelvolk.
Erlöse mich, grausamer Gott!

Der Cherubim meinte zu dem, was ich im Blumenhause geschrieben: „Die Sprache hat für jeden Sinneseindruck Erinnerungszeichen, diese sind die Darstellungsmittel des Dichters. Du kannst Dich also den Gefühlen mit Worten nähern, indem Du die Erinnerung wach rufst. Das Gedächtnis für Duft- und Tasteindruck müssen wir durch Uebung stärken. Sonst hast Du Recht, die heiße Leidenschaft kann sich ihrer nicht bewußt werden. Und ohne Bewußtsein keine Kunst. Also siehst Du ein, daß der Rausch mit Zittern und Beben nicht zu wahrer Wonne leitet."

„Du spottest, ich kenne nur meine eigenen Gefühle."

„Und Du bist nicht selig."

Ich gab dem Engel meine Wutverse und schrie:

„Ich will auch ein Engel sein!"

Jener las und sagte: „Noch bist Du Teufel, und würde man Dir jetzt den Rasebrand nehmen, so könnte Dich unser Glück nicht gleich zufrieden stellen. Immer willst Du das Unmögliche."

„Gieb mir einen Trost, einen Rath."

„Gehe zu den übrigen Teufeln, die Blonde wird Dir von ihrer Ruhe mittheilen."

Er lächelte, dann flog er auf das rauschende Meer hinaus.

Wie ich mit der Blonden dahinwandelte, sprach ich von Gottvater. „Er hat uns den Trieb gelassen, damit wir ewig der Kunst und seinem Reiche fern bleiben. Mir ist, als rief er uns zu:

Ihr wolltet den Kampf,
Drum häng' er euch ewig am Halse."

Ich wurde heftiger, verfluchte Lust und Liebe.

„Unsäglich mager ist das Kampfglück!"

Die Blonde schlang leise den Arm um meine Schulter und erzählte von längst vergangenen Tagen.

„Als Du mir noch Deine Verse zum Lesen brachtest, da schriebst Du:

„Du nur sollst meine Wonnen seh'n,
Du nur sollst mich versteh'n."

Für mich wolltest Du alles können, selbst der Kunst entsagen, doch daran hinderte ich Dich. Dichter, verstehst Du nicht mehr zu plaudern? Es ist alles anders geworden, aber sind wir nicht mehr gute Freunde?"

Ich preßte die Glückliche an meine Brust, und wir verweilten am Ufer in einer duftenden Rosenlaube. Weiße Möwen wiegten sich über den Kronen der Meerwogen.

„Blonde, Dein rosa Beinkleid ist nicht mehr das alte, hat Dir der Cherubim die knisternde Seide geschenkt? Und mit einer schweren güldenen Schärpe bist Du umgürtet.

Zausefransen umhäkeln Dein Knie.

Verstickte Seideseile,

Garnekräusel,

Maschegemische,

Webefäden

Hacken, kleben

Im Wickelgewirr.

Geh, geh! Es ist alles anders geworden und ich auch."

„Bist Du nicht mehr mein Freund?"

„Meine Freundschaft war Liebe mit Machtgelüsten durchwirkt. Blonde, früher hielt ich Dich für bedeutend. Den Cherubim liebst Du nur, weil ich es wollte. Ich griff in alle Deine Liebesverhältnisse hinein. Nicht nur Eifersucht plagte mich, ich wollte Dich ganz besitzen, ganz beherrschen. Ich scheute mich vor keiner Niederträchtigkeit, ich suchte Dich zu meinem willenlosen Werkzeuge zu machen. Doch die Zeit ging vorüber, kein Machtglück blendet mich mehr."

„Trotzdem bleibst Du mein Freund."

„Ja, denn ich bin zäh' und seltsam treu, so lange ich nicht gleichgültig bin."

„So laß uns plaudern wie sonst, als wir noch in der Hölle lebten."

„Das klingt so alt wie Erzengelsage. Gleichgültig ist mir mein früheres Leben?"

„Was fehlt Dir denn eigentlich?"

„Du weißt, was ich Dir früher, selbst in meiner schönsten Liebeszeit von meiner Lustgier gesagt. Du bliebst in Gedanken lüstern, wolltest männlicher Teufel sein und die dicksten Weiber genießen. Ich schien Dir zu hager, weißt Du noch? Ich bin der wildeste Lüstling gewesen. Aber die stete Thätigkeit, das ewige Arbeiten erlaubte mir wenig Muße für die Ausschweifung. Jetzt ist das anders, denn die Kunst führt fortwährend Bilder vor das Auge und die Lust gleichfalls, daher geräth die Lust mit der Kunst in Zwietracht, während sie der Machtliebe nicht viel in den Weg rannte. Nun heißt es wieder kämpfen, ringen, und die Begierden machen so müde. Das plagt mich."

Die Blonde meinte kopfnickend, sie verstände mich. Sie redete von jener Zeit, in der ich nur verstanden sein wollte, und behauptete, die Frau könnte ganz allein den Mann vollkommen verstehen.

Ich erwiderte: „Dummer Selbstbetrug, das dient der Gattung. Man hat ja das schier unüberwindliche Sehnen, lange, lange Zeit mit einem geliebten Weibe zusammen zu leben und zusammen zu denken, doch dieses Sehnen ist ein Irrthum, der nur dem Geschlechte hilft, das nicht zu Grunde gehen will. Die Kunst darf nicht die Magd der Liebe sein. Die Liebes= dichter sind veraltet."

Was war nicht alt geworden? Heiße Wünsche, große Ziele, die ich nun verlachte, zogen lustig aus der Erinnerung heraus. Dick und ich trieben gelehrtes Zeug, erforschten Natur und Welt und dünkten uns entsetzlich weise. Ich arbeitete an großen Plänen zur Teufelsbeglückung, und die Machtsucht leitete mich dabei. Gewaltiger Herrscher strebte ich zu werden, vor mir sollte sich die Welt beugen und krümmen; ich ruhte dem Traum der Tollheit im Arme.

Die Blonde plauderte wieder von jener alten Liebeszeit, in der ich nur an ihrer Seite lebte, als Bohr weit fort und garnicht wieder kam, wie sie mich noch „mein lieber Freund" nannte und weinte, wenn ich vom Scheiden zu reden begann. Wir entsagten einander, ich aus Ehrgeiz, ich wollte bedeutend werden, allerdings damals schon durch die Macht der Dicht= kunst. Wer aber bannt die Teufelsgier? Weswegen die Blonde aufgab, mich zu lieben, weiß ich nicht. Ich glaube, sie wollte mich groß sehen, sie dachte zuweilen mütterlich, fühlte vielleicht, daß sie mir hinderlich werden könnte. Dann besaß Bohr mehr Fett und Fleisch als ich, der Dürrteufel.

„Blondchen, wir entsagen wiederum, zum wievielsten Male?" Dick hatte die Blonde gleichfalls geliebt, und ich erlaubte ihm aus Freundschaft, meiner dabei nicht zu gedenken. Davon er= zählten wir uns noch vieles. Ich wurde für sehr edel gehalten. Später jedoch verrieth ich dem Dick Blondchens Verhältniß mit Bohr, theilweise, weil ich gern zwei Nebenbuhler kämpfen sehe, andererseits schienen mir die Verliebten schlechte Werkzeuge zu sein, und zuletzt kam wohl noch Empfindlichkeit, Haß und Rach= gier zum Ausbruch. Der Edelmut liebt es, neben der gröbsten und der kleinlichsten Gemeinheit zu stehen. Nur die Kunst ist rein und edel.

Vergess'ne Zeiten, wilde Leiden,
O grabt Euch selbst ein Grab.

„Sieh, Blonde, ein Mond geht über den Wassern auf. Rother Flammenglanz zieht durch die Wolken. Dämmerlicht durchbricht die Schatten der Bäume. Weißt Du, wie oft ich das Wort „Kunst" gebraucht? glaube, tausend mal tausend Mal. Ich liebe Dich, aber nur ein Grundton darf mich beherrschen, und diesen habe ich so oft ausgesprochen."

Die Gute weinte, bat mich, ihr Freund zu bleiben, und ich fühlte, daß sie mich trotz Bohr und Cherubim am meisten von Allen liebte. Ich aber schüttelte jedes weichliche Gefühl von mir ab. „Geh' voran, sonst wird Bohr wieder eifersüchtig. Wo sind die anderen Teufel?" Sie wies mir den Weg und flog dahin. Wir haben uns nicht gegrüßt und nicht geküßt.

Als ich an ihrem Knie gekniet,

Sie auf den Schooß gezogen,
Mit ihr gelacht und stumm geträumt,
Da war ich zärtlich ungezogen.
    Verklungen und versungen
Ist dieser alte Ton.
Die Blonde schwebt so leicht davon,
Und ich, ich denke nichts dabei.

Die großen Bäume flüstern. Das Meer rauscht. Glüh=
würmer schwirren in die Büsche. Dunkler wird der Pfad.
Mondelicht sinkt in die Wälder. Es duften die Blumen.
Warmer, matter Glanz durchhellt die schwankenden Schatten.
Blinzelnd schaut ein Stern durch die schwarzen Aeste. Die
Waldnacht spinnt ihren Traum. Weich und still liegt das
Licht auf den Glänzeblättern.

    Säusellüfte
    Schmiegen Schlummerschleier
    In die Blütedüfte.
    Allöseschein
    Leuchtet linde
    Durch den Ruhehegehain.
    Huschehauch
    Rieselt, rinnet
    Ueber die Flüsterflur,
    Plauderhüter
    Will er sein.
    Verrathet, Wehewinde,
    Graustiefgeheime
    Raschelreize
    Nicht einen Wurm!

Liebezauber, fliehst Du für ewig? Das Wunderland dient
Dir nicht mehr. Rosenacht, Dein Raschelgedicht darf nur ein
Engel vernehmen. Wie selig kann ich werden, wenn Lust und
Liebe verloren, vergessen, verlacht sind! Festhalten muß ich
dies Weiheglück.

    Glühwurm, brenn' in meinen Leib
    Diesen weisen Vers hinein:
    „Teufel können selig sein."

Aufraffen will ich mich. Wuchtig und hart will ich alle Gier fortpeitschen. Ich will, was ich kann.

„Wir können selig in der Kunst nur sein."

Empfinden, schauen, horchen und Worte suchen, sie wohnen im Blättergelispel, im Stürmezank, hängen in der Luft, an Rosendüften —

Laute lachen im Grase.

Ich schwebte weiter, hob den Blick zu den Sternen und betete zu Gottvater.

Dichterwonne!
Himmelwalter,
Sternelenker,
Allesdenker,
Wunderweiser,
Weltenschaffer,
Alles das bin ich.
Nach Seinem Bilde schuf auch mich
Der hehre Himmelsvater.
Teufel können Engel sein.

Wozu quälte sich mein Hirn, die Nichtigkeit der Lust zu beweisen? Ich weiß, daß ich das wahre Glück erkannt habe, und Mein Glück ist treu.

Was es versprach,
Das hielt es tausendfach.
Kein Ermüden,
Kein Verdruß
Trübt den Wunderweltgenuß.
Weh' dem Verächter ewiger Freude!
Der Triebe Trug, der Trotzetraum
Täusch' ihm den dummblöden Blick!
Dann mag er die Wonnen verhöhnen,
Sich albern mit dem Tode versöhnen.
Ich lebe!

Schelmgesichter kichern in die Veilchenbüsche hinein, brummen wie die Bienen. Fern tönt das Meergebrause. Hinter jenen Bäumen blinkt eine Silbertrift, es ist ein See mit Lotosblumen, großen Blättern. Auf die Hügel sind Wolken niedergefallen, in

deren Mitte brennt eine dunkelgrüne Lampe. Als ich näher
herantrat, fand ich, daß der graue, ballenartig aufgelagerte
Nebelberg ein großes Schloß, eine Wolkenburg war. Das
grüne Licht durchleuchtete ein festes Steinthor. Ich rannte
durch einen kurzen Höhlengang und stand bald in einem Saale,
dessen Kuppel und Wände feines Spinngewebe umgarnt.

Seidesäume, Fädemuster,
Zarte, bunte Strickgebinde,
Verschlingen, durchkreuzet, verflochten.
Netzelöcher, wehende Fransen,
Flaumig, flickig flirrt das Gespinnst.
Knisterflammen züngeln
Durch die Schimmerflechten,
Ein großer Korb scheint das Gemach.

Farbenringe lagen am Boden, sie lösten sich der Mitte zu
in schwarz-weiße Strichelkreuze auf. Ein Seidenteppich spiegelte
die Feuerspiele vielfach wider.

Ich betrachtete voll Andacht die Kunstgewebe, jedoch plötzlich störte mich unsre Hexe, sie fuhr scheltend auf mich los, sie
ließ einen Wirbelwind von Schimpfworten in meine Ohren.
Lebenswasser hatte Bohr schon längst gekocht, die Blonde hatte
mich vergeblich gesucht, und die Alte mußte sich wieder ärgern.

Ich lief in den nächsten Saal, der sich bedeutend höher
aufwölbte. Halbdunkel lagerte um die durchbrochenen Nebel-
wände; Bogen und Nischen bargen weite Tiefen. Ein Pelz-
teppich verhüllte den Boden. Unter einer hellgrauen Ampel bemerkte ich jenen Blumenmaler im gelben Seidengewande, um
ihn eine Gruppe fremder Männer; die Teufel horchten aufmerksam den Gesprächen. Bei meinem Eintritt rief der Cherubim:
„Das ist ein Teufel, der gern selig werden möchte.“ Bohr
reichte mir Lebenswasser und wir sprachen über Blumen und
über den Glanz der Tuchstoffe.

Darauf leitete mich ein älterer Mann, der Lichtwalt hieß,
durch die herrlichen Räume. Ganz wollige Strickgewirre
wechselten mit den allerfeinsten Seidenfäden. Die Farbenmacht
des Schlosses blendete, die bunten Lampen und Lichtkegel um-
schimmerten die Wände. Spinngewebe zeigte sich überall; zarte

blanke Fadenzaunen umnetzten die großen Pforten. Die Form
der Hallen überraschte; bauchig oder wulstig hatte man die
Wände behandelt. Die Kuppeln bestanden aus Korbgeflechten.
Ein Saal ruhte in der Tiefe, wir stiegen einige Treppen mit
Haargeländern hinab. Hier wies mir Lichtwalt, was das Licht
vermag. Er ließ aus den Höhlen unzählige Farbenbüschel
hervorbrechen, und das Spinnehaus glitzerte und blitzte bei dem
rothen und violetten Lichterregen. Wir sollten hier schlafen.

Später öffneten sich oben ein paar Fenster, und der Mond
schaute hernieder. Sein Strahl war lila, sanft und milde.
Nach dem bunten Glanzzauber überwältigte dieser Ruheblick.
Glühwürmer von gelber, grüner, rother Farbe summten umher.
Ich verfiel in süß säumendes Sinnen. Ich legte mich auf einen
weichen Pfühl und betastete neben mir die Decke. Ich fühlte
etwas Pelzartiges, ein Schauer rieselte durch meine Glieder;
meine Hand berührte die Schwarze. Hastige Bilder hetzten mich
zu üppig geilen Gedanken. Der Lust schwor ich ab und doch
verlockte sie mich. „Ob ich nicht ebenfalls Engellust empfinden
könnte? Ist es nicht sehr wild, die Triebe unter jeder Bedingung
zu fliehen? Liegt in meinem Kunstglück nicht viel alte Gier?
Engellust will ich kosten, ruhig, klar, besonnen will ich bei Glüh=
wurmlicht den Tastesinn ergötzen. Schwarze, höre!"

Gehört und erhört hat sie mich. Das Mondlicht zitterte,
mein Körper empfand süße Zuckungen. Doch als ich das Auge
schloß und jedes Bild bannte, da verschwand der Lustzauber.
Ich ward weiser denn je.

„Bei der Wollust spielt das Auge die Hauptrolle. Man
nehme das Begierden weckende Bild fort, denke nicht mit den
Augen an die Reize der Glieder, welche man fühlt, man ver=
gesse die Erregung des weiblichen Körpers, und die Lust hat
ihren Werth für ewig eingebüßt. Die eigene Gefühlsempfindung
scheint mir nicht der Rede werth. Unser Auge ward unsre Welt."

Mit dem Gedanken bin ich sanft entschlummert.

Als wir erwachten, sind wir auf das Meer hinausgefahren.
Ich saß mit der Waldwilden in einem großen Blumenkelche ganz
allein. Der Wind fing sich in den Blüteblättern. Rasch segelten
wir dahin.

Leichter Frohsinn,
Frisch umlacht,
Wehte durch die Wellenjagd.

Waldwilde redete vom Abschiednehmen, von dem einzigen
Schmerz im Paradiese. Sie setzte mir auseinander, wie langes
Zusammensein zum Schwatzen geneigt mache. Ich aber konnte
nicht schweigen und verdammte wieder die Triebe. Darauf be=
kam ich zur Antwort: „Sagetraum hat mir aus einem alten
Buche von der Entstehung der Kunst vorgelesen. Da wurde
ausgeführt, wie die ältesten Engel, als sie noch nicht das waren,
was sie sind, recht dumm und ohne Bewußtsein dahinlebten,
nur von den Trieben beeinflußt, durch die sie sich erhielten und
fortpflanzten. Durch die Triebe wurde den Engeln die Welt
mit ihren Mühen erträglich. Die Aelteren geriethen beim Anblick
schöner Leiber in Verzückung, die Jüngeren liebten eßbare Pflanzen
und Beeren, und ihre Freude an herrlichen Fluren begann erst
dort, wo sie der Liebe gepflegt. Diese neuen Empfindungen
stellten sie dar, sie glaubten, dem Triebe zu dienen, und erschufen
sich damit neue selbständige Freuden. Der Trieb wurde der
Vater der Kunst. Gott hatte ihn dazu gemacht. Warum schiltst
Du nun Lust und Liebe? Schilt die Gier, die Satan erdachte,
nur um seine Scharen ganz seinem Willen zu unterwerfen. Es
gelang ihm bei den Teufeln, das Größere siegt eben überall.
Bilde Gehör und Auge immer mehr aus, und die gestaltlose
Gefühlsempfindung verliert allmählich ihre Reize, tritt in den
Dienst der höheren Sinne. Der Liebesdrang darf nicht Dein
Herr sein, denn wenn er auch die Kunst erzeugte, so ist er trotz=
dem der reinen Kunst sehr schädlich. Alles wahrhaft Reine lebt
nur um seiner selbst willen, so die Welt, so die Kunst, die nur
ein Spiegel der Welt ist. Doch ist es schlimm, Dein Trieb ist
nun einmal da, und Du mußt Dich fügen und ihn ruhig dulden,
er kann Dich immer wieder zum Bewußtsein reinen Glückes
bringen. Wer aber der Natur trotzt so wild wie Du, kämpft
gegen Gott. Der Vater will, daß alle Wesen trotz aller Triebe
nur der Kunst leben. Dabei ist er nicht so grausam, die volle
Bekämpfung der Triebe von Euch zu verlangen; das wäre ja
zum Schaden der ganzen Welt. Seine Engel sollen alle die

zum Himmel bringen, welche die Kunst inniglich lieben. Gott
ist gut. Horch und schau durch die warmen Lüfte, vergiß ver=
gangene Zeit, dann wird ein unendlicher Reigen himmlischer
Bilder Dein Auge gefangen nehmen.

> Was Dich der Kunst bisher entzog,
> Wird gleichsam nur ein kleiner Stein
> In einer großen Landschaft sein.

Nun schwatz' nicht mehr, sonst muß ich Dich gleich verlassen."

Ich drückte Waldwildens Hand, küßte sie, nickte, vergoß
ein paar Zähren und pries mich glücklich, mit solchem Himmels=
kinde selig sein zu dürfen. In mein Buch schrieb ich all' die
feine Mädchenweisheit hinein, machte große Striche dahinter,
zum Zeichen, daß ich mich jetzt ganz in der hehren Welt ver=
lieren wollte. Das that ich seitdem.

> Vaters Gnade möge walten,
> Wenn ich Teufel bei der Kunst
> Gern viel sprach.

Well' auf, Well' ab schaukelten wir neuen Inselgefilden ent=
gegen, berührten kaum die Wasser. Durch die Reizranken von
Blumensälen und Webehallen war ich hastig hindurchgestürmt,
hatte den großen Eindruck behalten, und dennoch entfloh mir
zu viel. Inniger, tiefer wollte ich der Burgen Prunkzier erfassen.

Nach einer dunklen Nacht sahen wir im rothen Glanze der
Morgenröthe vor uns ein neues Eiland. Alle unsere Böte
steuerten in eine Bucht, in der wir von badenden Mädchen und
Knaben begrüßt wurden. Waldwilde und ich mußten in eine
Muschelbarke steigen. Schwäne zogen uns in ein weites Felsenthor.

Wir befanden uns in einer umfangreichen, matt erleuchteten
Höhle. Rothe Korallenranken wanden sich um große schillernde
Muschelschalen, die man drüben an den Wänden entlang auf=
gestellt. Eine glatte, weiße Treppe, von den dunkelblauen Wellen
umspült, führte auf einen blitzblanken Steinboden, der mit
schwarzen und hellblauen Fliesen ausgelegt war. Die Korallen
rankten sich bis zur Mitte der Decke und trugen dort brennende
Kerzen. Die Lichter spiegelten sich im Schneckengeländer, auf
den großen Schalen, überall. Waldwilde wurde stürmisch von
kleinen Mädchen in den nächsten Saal geschleppt. Dessen Decke

hatte die Form eines großen braungelben Stachelsternes, die fünf Strahlen hingen über den Ecken der Halle. Fünf große Nischen lagen ringsum. Wir verweilten in der Mitte. Viele Flammenständer brannten, auf dem Fußboden glänzten hellgrüne, glatte Spiegelsteine. Zur Seite der Nischeneingänge lagerten rosarothe Schneckengehäuse, deren Spitzen sich bis zur Kuppel hinaufdrehten. Eine Anzahl kleiner Mädchen kletterte bis in den Stern empor. Geigen hatten sie in den Händen. Lustige Weisen erschallten, das Gemach füllte sich, und die Kleinen, in zarte Gewänder gehüllt, erfreuten uns durch einen Tanzreigen. Wald= wilde blieb neben mir. Wir wurden umkreist wie von Wirbel= stürmen. —

<blockquote>

Ein Schlingen und Wiegen,
Ein Recken und Biegen
Und Hüpfen und Beugen
Und zierliches Neigen
Machte die Runde.
Die Mädchen lächelten,
Fächelten Kühlung,
Nach der Weisen leiser Schwebung
Lehnten, schmiegten sich
Stillwillig verzückt
Die lieblichen Paare.
Im Lockenhaare der kleinen Schar
Gaukelte, schaukelte, bebte
Der Glieder Bewegung wieder.
Ziergewinde! Würdespott!
Sie fliehen, sträuben sich neckisch,
Umfangen verstohlen die Zagen,
Der weißen Reizefüße Tasten
Tönt mit Geigesäuseln
Durch den Spiegelsaal.

</blockquote>

Staunend lief ich der Wilden nach, flog über die Stufen in die Schimmerzimmer. Perlmutterschalen, langgezogene und tiefgehöhlte, bildeten Wände, bogen zu den Schneckendecken, von denen die Schraubengehäuse wie Tannzapfen herunterhingen. Ein bunter Glanzzauber glitzerte auf den Fliesen. Die anderen

Gemächer wurden kleiner. Hohe Schmuckgefäße mit Meerpflanzen prangten auf vorspringenden Wandtischen. Silberspiegel warfen die Gestalten so zurück, wie sie in Wirklichkeit ausschauten. Wir rannten durch die Korallenzweige der Treppenfluren an wunderlichem Schnörkelzierrath vorbei. Offene Fenster zeigten uns die blaue See.

Dann aber drang die Schar in einen Raum, dessen Fliesenboden allerhand Geräth bedeckte. Wüste Unordnung herrschte in dem zauberfeinen Hallengange. Die Kleinen zeigten uns Zeichnungen von Stuhlfüßen, Armleuchtern, Tischen und Vasen, daß ich garnicht wußte, was ich zuerst bewundern sollte. Waldwilde lobte und lachte. Sonnenschein glitt zu den Muschelwänden. Das ganze Meer hatte seine Reize hergegeben, um die prickelndsten Nischen mit Reizgeschmeiden zu schmücken. Kleine Brunnen plätscherten, an den Tischen saßen die Knaben, zeichneten und schnitzten, die Mädchen plauderten noch, bis eine junge, schöne Frau hereintrat. Die anderen Teufel gesellten sich zu uns, und die Wilde erklärte mir, daß das Erziehen zur Kunst auch eine Kunst sei. Man unterrichtet die Teufel über die kleinen Arbeiten und brachte uns in Säle, welche mit Krügen, Gläsern, Zeichnungen, Stickereien, Spangen und Ketten gefüllt waren. Müde Ampeln spendeten sparsam ihr Licht.

Ich wurde später auf einen hochgelegenen Erker gesandt. Das Meer lag tief unter mir. Edelgestein haftete an dem Säulengeländer. Ein Maler mit blondem Barte malte dort Wolken. Die Wilde lehnte neben der Staffelei. Ich hörte die Beiden von der Luft sprechen. Darauf hat mir meine Freundin Lebewohl gesagt. Wie Zaubergeriesel tönte die liebe Stimme. Ich empfing ein Meergemälde, eine Rolle umwickelte dieses Andenken. Waldwilde schlang den Riemen, an dem sie die Kapsel befestigt, um meinen Hals. Ich verließ meine Freundin.

Ihrer Worte Klanggeläute
Hat mir die gute Wilde
Für ewig ins Herz geprägt.

Als wir auch den Muschelpalast verlassen, wandelte ich mit einigen Knaben am hohen Felsenrande. Wir durchschritten den üppigen Waldpark und rasteten an jeder Lichtung, schauten von da in das Meer hinaus. Die anderen Teufel zogen voran. Bald erreichten wir eine Wiese, auf der wilde und zahme Thiere weideten. In der Nähe hob sich ein großer Pilz aus dem Grase. Unter dem Riesendache malte ruhig ein Thiermaler eine Herde kräftiger Stiere! Der Künstler erklärte mir, welche großen Dinge er schaffte.

„Neue Thiere will ich erdenken, aus Schlangen, Löwenrachen und Hirschgeweihen versuche ich neue Leiber zu bilden. Nur malen will ich das. Es ist zwar das einzelne an den neuen Geschöpfen uralt, aber Gott schafft auch dadurch Neues, daß er Altes zusammenstellt.“

Ich plauderte noch lange Zeit mit dem Thierfreunde. Wir sprachen gerade über das Täppische, als Elephanten einen Ochsen umrannten und der Alte zu Hilfe eilen mußte. Ein großer, bunter Vogel nahte mir während dessen. Ich staunte über die Federpracht und ließ meine Blicke zu den Ziegen und Rehen schweifen; einige jagten in den Wald. Die Rinderherden lagen stumm und unbeweglich da. Als der Maler zurückkam, hat er mir noch viel erzählt vom nie Dagewesenen, dem Unbeschreiblichen und Ueberwunderlichen. Die Knaben holten mich leider fort. Ueber einen weißen Berg stiegen wir zur weißen Dünenküste hinunter.

Auf dem Sande lag ein Muschelgefährt, das gehörte der Taubenfrau. Die Tauben, große Vögel badeten und flogen frei über die Wellekämme. Muff lief mir entgegen und erzählte stürmisch von einer Freundin, Tontraute heiße sie, und ihre Kunst sei die Musik. „Dichter,“ rief er, „die Königin, die Taubenfrau ist es, ich soll an ihrer Seite im Muschelwagen fahren.“

Muffs neue Freundin begrüßte mich herzlich. Wir kannten sie ja längst, ihr holder Anmutzauber riß mich gleichfalls hin. Ich beneidete Muff, doch gedachte ich der Waldwilden, so erfüllte mich Wehmuth.

Aus der Meerflut tauchte eine violette Sonne, sie durchleuchtete wundersam die Felsen, jeder Baum, jedes Blatt, wir selbst bekamen eine andere Farbe. Eine weiße Sonne schien hoch über der Insel, und Doppelschatten, lila bunte Lichtwirkungen wurden erzeugt.

8

Wir bestiegen ein neues Schiff. Der hintere Theil des=
selben bestand aus Krebsköpfen mit übermäßig langen Scheren,
der Vordertheil der länglichen Muschelform hatte das Aussehen
einer riesigen Kralle. Ein Büschel langgezogener Federblätter
bog sich klauenartig nach hinten zurück. Diese bunte Federtatze
versah die Dienste der Segel. Ich saß hinten auf den Horn=
schalen, die Kontraute fuhr mit Muff hoch in die Lüfte. Ich
fühlte mich einsam, allein.

Wir sind lange gefahren. Die violette Sonne beschrieb
einen kleinen Bogen am Himmel und verschwand. Das Meer
wurde wieder blau wie sonst. Heftiger Wind jagte das Boot
rasch durch die Wogen. Hinter uns schäumte eine Strudelfurche.
Oft trat der Cherubim an meine Seite, und wir unterhielten
uns damit, daß wir uns auf die Farbentöne der Wellenberge
aufmerksam machten.

Als in einer hellen Nacht zwei grüngelbe Mondsicheln am
Himmel glänzten, erblickten wir Felsen, die wie lange Finger in
den Himmel ragten. Auf dem einen Riffe glaubte ich ein rothes
Licht zu bemerken. Flügelrauschen kündete Scharen von Engeln
an. Ich erkannte braune Männer, die jenen vom Wasserfall
ähnten, aber noch größer und kräftiger waren.

Die Engel und Knaben auf unserm Kahne begrüßten die
Braunen mit hellem Jauchzen. Wie damals hoben sie uns auf
ihre Schulter und flogen zu den fernen Felssäulen. Mein
Körper erreichte gerade die Länge eines braunen Armes.

Wir verloren die Teufel aus dem Gesichte, sausend flogen
wir durch thauige Wolkenmassen. Ein rother Schein vor uns
wurde mit jedem Flügelschlage heller, bis ich eine brennende
Bergspitze gewahrte. Die Funken prasselten bis zu den Sternen,
dicke Rauchwolken wirbelten empor. „Das ist die Flammenburg,"
rief der Braune. Ich mußte lachen. Wir schwebten durch ein
breites Thor, und ich lachte wieder, denn aus rothen Steinen
ist die Burg erbaut, nur oben lodert wirkliches Feuer heraus.

Eine weite Halle empfing uns. Jünglinge aus Erz hielten
brennende Fackeln in der gehobenen Faust. Brennende Zweige
staken in den Wänden, die wie sturmgepeitschte Feuerbündel

durchklüftet waren. „Flammbart! Flammbart!" donnerte der Braune mit fürchterlichem Heulen in eine Pforte.

Nach einer Weile kam ein ehrwürdiger Greis zum Vor=
schein. „Zeige dem Teufel Dein Höllenschloß." Mit diesen
Worten überreichte mich der Engel dem Alten. An dessen Hand
schritt ich durch einen aufsteigenden Gang, den Kerzen erhellten.
In dem nächsten Gemache flackerten purpurrothe Leuchter auf
bauchigen Becken und Urnen. An den Wänden hingen Gemälde.

Dann besuchten wir einen Bildhauer. Der Saal, in dem
er arbeitete, flößte Schrecken ein. Riesige Köpfe mit verzerrten
Zügen starrten mit glühenden Augen auf uns nieder. Das
Licht strömte nur aus diesen rothen Glutaugen. Der Künstler
ließ seinen Hammer für einen Augenblick sinken, schaute mich an
und hämmerte weiter.

In den anderen Sälen wandelten traumverlorene Gestalten,
einige schrieben, andere schienen Tonwerke zu schaffen. Der
greise Flammbart sprach über die bunten Kerzen, erklärte die
Gemälde und die Bildsäulen. Die Hallenwände sollten zumeist
die Flammenform nach= und umbilden.

In einem Zimmer aus schwarzem Spiegelstein, den eine
milchweiße Lampe spärlich umglänzte, schlug mein Begleiter
einen seidenen Vorhang zurück, und ich glaubte leibhaftig in der
Hölle zu sein. Ein mächtig breiter Flammenstrom sauste rasend
rasch durch das Burgdach zu den Sternen. Ein Rundgang
führte um den Krater. „Das Feuer kommt aus der Tiefe der
Felsen," erläuterte der Greis. Ich wollte fort, weil ich an die
Hölle denken mußte. Länger verweilten wir in Flammbarts
Arbeitszimmer. Ich hörte groß geartete Verse und trennte mich
fast mit Schmerz von dem Alten. Der zog von seinem hohen
dreieckigen Fenster den Teppich fort, und das helle Sonnenlicht
verdunkelte den Ampelschimmer. Noch einen Blick warf ich auf
die Gemälde, den Arbeitstisch und die kleinen Meißelwerke,
dankte dem Greise und kletterte gleich danach auf den Rücken
des Braunen, der mich vor dem Fenster erwartete. Wir flogen
davon. Die Burgsteine leuchteten genau so roth, wie die
Brandfackeln.

Auf dem nächsten Felsen ruhte still und friedlich das Tann=

8*

nabelhaus. Dicke, knorrige Tannzapfen mit den Spitzen nach oben zierten als Thürme das schräge Dach. Grüne Nadeln von Schwerterlänge starrten um die Pforte, um die hohen Bogenfenster, bildeten ein Spießgesimse. Die saftgrünen Stacheln ragten senkrecht vor, verbanden sich zu Büscheln und Trichtern, an dem Thore bogen sich die Nadeln weit zur Seite.

„Weh' dem, der hadert mit der Welt," lautete die Inschrift über dem Eingange. Das Innere bewohnten Meermaler, eine üppige Frau in schwarzem Pelze reichte mir Wein. Reinlich sauber glänzte das Geäder der Holzfußböden. Tannzapfen von meiner Größe hafteten als Tischträger unten an den Wänden, die man aus Holz und gelben Strohgeflechten gearbeitet. An jedem Fenster ward vor einer Staffelei gemalt. Der freundliche Blick zum Meere erhöhte noch die stille Ruhe des Hauses. Gemälde, Vasen und Gußsachen fanden sich in Menge auf den Spinden, die mit prächtigen Holzschnitzereien umschnörkelt waren. Klein und behaglich hatte man die Gemächer mit ihren Nischen hergerichtet.

Auf einer anderen Seite des Felsens, höher als das Nadelschloß, lag die Schwerterburg. Lanzenkränze, ein Stangengekreuze von blitzhellem Stahl, krumme, gerade und gebrochene Säbel fügten sich zu Wänden, Erkern und Säulen zusammen. Das Dach hatte das Ansehen einer Krone mit kolbenförmiger Spitze; diese wurde von krummen Schwertklingen gebildet. Wir flogen darüber hinweg.

Ich stand auf der linken Schulter des Braunen, mit der Rechten hielt ich mich in seinen Haaren fest. Ich schaute weit aus in die unermeßliche Runde. Das große Meer brauste tief unten, die einsamen Felsenriffe reckten sich als Wegweiser in die blaue Ferne.

Der Braune steifte die Flügel wagerecht und schoß wie ein Pfeil durch die Luft. Bald grüßten wir die nächste Felsennadel. Auf deren Gipfel drohte eine ehrne Frauengestalt im Flattergewande mit einer Riesenkeule. Welch wüstes Gewirr! Ein Steinhaufen, gespaltene Baumstämme, Wucherpflanzen —

Nackte Knorren

Gierig verreckt,

An Rissezapfen
Festgesteckt.
Rohe Knoten,
Moosgemäuer,
Rißverschrumpfte
Klobenstrümpfe.
Blocksteinhagel
Zerwühlte, stampfte
Das Geröll.
Klötzeklumpen
Klammern sehnig
Diese sturmzerrammte
Grimmgeburt
An den Felsenkegel.

Das war das wilde Schloß. Dieselbe Regellosigkeit trat im Innern mit rücksichtsloser Keckheit hervor. Ohne Zweck lagen moosbedeckte Steinhaufen und Holzschichten auf großen Lehmbergen. Marmorblöcke versperrten den Weg. Ein Bildhauer hauste in dieser Wildnis. „Was willst Du?" rief die Stimme des Meisters. Der Braune sagte wiederum: „Zeige dem Teufel Dein Schloß." Und der Herr der Burg schritt rasch auf mich zu.

„Sei willkommen, Teufel! Man nennt mich den Wilden, weil ich keinem Wesen gram bin und auch die Teufel liebe. Komm!"

Ich wunderte mich, doch die nächste Höhle setzte mich noch mehr in Staunen. Durch breite Felslöcher drang das helle Tageslicht aus allen Ecken, Junge wie alte Männer arbeiteten in dem großen Raume. Der Boden war von verschiedener Höhe, in der Mitte sehr tief. Neben den Sandwegen lagerten halbfertige Bildsäulen, mit schrecklichen Gesichtern, Tücher und Lappen verdeckten manches. Hexen, häßliche Weiber wurden gemeißelt und bemalt. Ein Kopf schien aus dem Lehmboden herauszuwachsen; die Finger an die Schläfe gepreßt, blickte das Gesicht mit grauenhafter Erregung auf. Das Gräßliche, das Gemeine, übermäßiger Schmerz starrte mir entgegen. Ich wußte nicht mehr, ob ich im Paradiese lebte. Teufelsfratzen glotzten mich an. Der Wilde besah mich lächelnd und sprach ungefähr folgendermaßen:

„Jede Kunst stellt Empfindungen dar, die schmerzlichen Empfindungen sind auch darstellungswürdig. Jeder kann in besonderer Weise selig werden. Schön nennt man das, was Jedem angenehm erscheint, aber deshalb ist das Uebrige nicht für Jeden häßlich und unangenehm. Was man fest mit dem Auge faßt, verliert seinen Stachel, der nur durch das Abschweifen der Gedanken gebildet wurde. Woran wir uns gewöhnen, daran finden wir Freude; am Ende braucht das Verzerrte nicht für Jeden anziehend zu sein. Unser Kunstglück ist kein Erzeugnis der Grausamkeit; alles in der Welt wollen wir erfassen.

Das eine hat mehr Reiz, als das andere, Reizloses giebt es nicht; was uns widerlich dünkt, ist dieses nur durch unnütze Nebengedanken. Das Auge darf überall genießen. Unsre Denkwerkzeuge jagen die Gedanken in den kleinen Kreis uns bekannter Vorstellungen, das müssen wir beim künstlerischen Genießen und Schaffen zu verhindern wissen. Wir müssen immer engere Kreise um den Gegenstand unserer Beobachtung ziehen, nur ganz nahe Liegendes beachten. So wird allein der uns geläufige Vorstellungskreis erweitert. Die Gemütszustände, die wir darstellen, werden uns immer erfreuen, wenn es auch die schmerzlichsten sind. Scherzhaft nennt man uns die Wilden."

Die Künstler fragten mich über die Hölle aus, meinten, daß sich dort die Kunst eben so gut fortbilden könnte. Ich theilte mit, wie verachtet Dichter und Künstler bei den Teufeln sind. Ich betrachtete die Werke mit der größten Aufmerksamkeit und fand an ihnen Geschmack. Die kraftvolle Wucht riß mich fort. Der Wilde bewies mir, wie Faltenwurf und Körperform der Hauptvorwurf für die Bildhauer sei, immerhin aber nicht der einzige.

„Das Stoffgebiet jeder Kunst ist unbegrenzt, wenn man schwierige Arbeit nicht scheut; am leichtesten weiß sich die Dichtkunst Allem zu nähern, von der Meißelkunst gilt das Gegentheil; doch gerade diese soll öfters die zermalmende Kraft zum Ausdruck bringen. Das machen unsre Darstellungsmittel unserer Kunst zur Aufgabe."

Der Meister lächelte, zeigte mir riesengroße Marmorgruppen, die Löwen-, Schlangen- und sogar Teufelskämpfe wiedergaben. Gern wäre ich länger geblieben, hätte nicht der Braune zum Aufbruch gemahnt.

Ich nahm Abschied und überlegte, wie ich wohl unsre Hexe besingen könnte. Da ich einige Male laut auflachte, so lachte der Braune mit und zeigte mir ein Schloß, das meine Heiterkeit noch ausgelassener machte. Der Schnabelburg steuerten wir zu. Eine Freitreppe, auf deren Geländer Riesenfrösche, stieg zu dem Hause hinan. Abenteuerliche Laune hatte diese Schnabelzacken mit Vogelköpfen und langen Storchbeinen verziert. Das Dach stellte sich als ein großes Vogelnest dar. Ein bunter Schnabelstrauß hob sich darüber.

Saitenklang lockte uns näher. Muff mit der Tontrauten machten drinnen Musik. Die schöne Frau saß vor einem Fischnetz, dessen Zipfel an der Decke hing, und dessen Inhalt, eine Unzahl Fische, herausfiel. Eine gar absonderliche Fischart lag in Reih' und Glied mit weit aus dem Halse gereckten Zungen. Diese Zungen bedrückte die Tontraute, und ein Tongeflüster, ein Klanggemenge durchrauschte den Saal.

Die Kuppel des Gemachs zeigte blaue, große Blumenkelche mit gelben Staubfäden. Muff begrüßte mich. Junge Mädchen sangen und spielten Geige. Uebermütiges Treiben beherrschte die wunderliche Burg.

Mit dem Braunen bin ich noch vor einer Mooshütte gewesen. Traubenlaub rankte sich um die Fenster. Ein Gelehrter mit Büchern lebte dort still und eingezogen. In der Laube vor der Thüre lagen aufgeschlagene Schriften, Papier und Schreibzeug.

Wir flogen zu den anderen Bergen, besuchten ein Geweihhaus, in dem ein Engel mit grünlichen Flügeln eifrig malte. Er wollte die Bildung des Gesichtes umbilden, viele Versuche wies er mir vor; hauptsächlich sollte die Nase andere Gestalt gewinnen. Jener Thiermaler auf der Muschelinsel war sein bester Freund.

Im rothen Glanze der untergehenden Sonne näherten wir uns dem Diamanten, der herrlichsten Burg auf dem allerhöchsten Riffe. —

Der Diamant!
Die Blinkeburg!
Sternethau!
Strahlgebäude!
Perlgeschmeide!
Glanzblitz!
Kantekegel,
Würfelkronen,
Wunder wohnen
In den Spiegelsteinen;
Heller scheinen
Die Flimmerlichte,
Schimmergedichte
Glühen im gleiteglatten
Glasedach.

Der Palast aus kostbaren Steinfunken hatte niedrige Thürme mit Rubinen, Smaragden, Topasen, Perlbirnen. Auf dem Gipfel glitzerte ein prunkender Edelstein, groß, voll und vielkantig. Der Braune verließ mich. Jünglinge geleiteten mich zu einem schwarz= lockigen Manne, den sie „Fernwalter" nannten.

Ein Zittergleißen spritzte
Haarfein blanke Blendefaden.
Lichteblicke schlitzten
Das Schliffegeschnitz.
Glimmend, zuckend brannten
Blitzeritzen
Durch den Diamantensaal.

Geblendet, trunken stand ich unter den fremden Männern. Ich schloß das Auge, faßte mit den Händen durch die Luft und wurde nach einem kleineren Gemache geführt.

Sanftgrün war dort die vielkantige Wand, mattviolett die Decke, Perlen hingen herab. Ein weites Fenster gestattete den Blick auf die tausendfarbige See. Buntstreifige Teppiche lagen am Boden. Ich mußte mich auf ein schwarzes Pelzlager setzen. Draußen verglühte der letzte Sonnenhauch. Es wurde Nacht.

Ueber die Gewalt und den unendlichen Reichtum der Sprache haben wir unsre Gedanken ausgetauscht. Fernwalter

erzählte von neuen Worten und von Tongebilden, die weder
Himmel noch Hölle kennt; trotz seiner hohen Achtung vor unserer
Sprache hatte jener doch die Absicht, ein ganz neues Wort=
gebäude zu schaffen. Er zeigte mir Bücher, die die Zungenlaute
ferner Sternwesen behandelten. Er wollte die Denkungsart in
anderen Welten zu seinem Kunststoffe machen.

„Alles hat seinen Reiz, wir wollen die ganze Welt be=
greifen, durchdringen, wiedergeben, und das lebende Weltwesen
ist das größte Kunstwerk Gottes, die Sprache sogar Kunstwerk
von einem Kunstwerk.“

Fernwalter liebte scherzhafte Bemerkungen. Doch was aus
Gaum, Zahn und Mundhöhle gebildet werden kann, das wurde
sehr eifrig beleuchtet. Ich drang in die Geheimnisse mir völlig
neuer Ausdrücke, kam aber zu dem Schluß, daß jede Sprache
nur dann die wahre Tiefe empfängt, wenn wir lange Zeit mit
jedem Worte recht viel Vorstellungen verbunden haben. Deshalb
wäre unsre Sprache für uns die beste. Indessen Fernwalter be=
kannte sich nicht zu dieser Meinung, er glaubte, daß die Laute
selbst dann als Darstellungsmittel brauchbar seien, wenn sie keine
Erinnerung in uns wach rufen. Da klang es denn natürlich,
daß er überhaupt mit reinen Farben, die nichts vorstellen, seine
Stimmung zum Vorschein brachte. Er bat mich, ihm in eine
finstere Halle zu folgen. Ich blieb dort allein und wartete kurze
Zeit. Nun entstanden in der Runde Farbenspiele von solcher
Pracht, Schönheit und Leuchtkraft, daß ich wirklich von den ver=
schiedensten Stimmungen gepackt wurde. Bald waren blaue
Farben in jeder möglichen Abstufung, bald ein Kreis, der sich
um sich selbst drehte, bald ein Lichtgeschlinge, wilde Farbenjagden
kreisten umher.

Sprühreif schlang um Sprenkelflecke
Mit den Eckestreifen satte Töne.
Bunte Kronen, Aberknoten,
Kniegebiege wandelten, strichen,
Tauchten, verhauchten.
Glimmefeuer umkritzelten, spitzten
Die Würfelhaufen.
Durcheinanderlaufen der Bänder und Ballen

Schnörkelte Bogen, schnürte, umschürte
Den musterbunten Zackenglanz.

Der Boden schwankte mir, als wir hinausgingen.

Was mein Begleiter sprach, unterhielt mich so gut, daß
ich der Prunkgemächer nicht genügend achtete. Wir wandelten
über spiegelblanke Glasdecken, Kronen leuchteten in den Glitzer-
gewölben. Die Zierlichkeit der Schalen und Bildhauerwerke berückte. Die Spiegelwände verdoppelten tausendfach die Tiefe der
Zimmer. Leise klangen Glasglocken durch die stillen Hallen.
Die Sterne schauten herein.

Das oberste Gemach ward aus durchsichtigen Glaswänden
hergestellt. Das große, runde Meer, die Sterne, der dunkle
wolkenlose Himmel, das alles umschauerte mich. Wir ruhten
auf goldbestickten Sammetkissen, Brokatgewänder bedeckten unsre
Körper. Unsre Gespräche leiteten zu den fremden und veralteten
Worten über. Ich bestritt jedem fremden Worte das Daseins-
recht; die Blumen- und Steinnamen wollte ich gelten lassen.
Fernwalter unterrichtete mich in den alten Mundarten des
Himmels, erklärte die Namen Cherubim, Seraphim, Paradies,
Diamant für Ueberbleibsel aus jener Zeit. Ich begeisterte mich
an dieser uralten Kunde und suchte den ganzen Weihezauber ver-
blichener Jahrtausende wiederzuempfinden.

Wir schauten auf die Thurmkuppen des Palastes, dort
spiegelten sich die Sterne.

Friedelicht in tiefverschwiegner,
Liebemilder Himmelsnacht.
Siegeleuchten, Strahlgestirne
Halten Wacht.
Das All entschlief.
Weltenfeuer fliegt
Und schwimmt und glimmt
Im Schimmergewölk,
Zieht still durch den finsteren Raum,
Senket nieder süßen Wiegetraum.

Wir stiegen eine Treppe hinunter ins Freie. Die Winde
wehten vorüber. Am Meeresrande funkelte ein heller Punkt wie

ein Stern. „Das ist Gottvaters gewaltige Burg." Lange starrten wir auf jenen kleinen Fleck.

In den unteren Räumen des Palastes flutete Kerzenschein in die durchsichtigen Wände. Kaum vernehmbar eilte bangleises Glockengeklinge durch die hängenden Gläserperlen. Mein Begleiter sagte, daß man durch dieses Zusammenklingen von Glasstücken auch etwas darstellen könnte.

„Da jeder Laut, jedes Bild eine Stimmung erzeugen kann, so kann mit jedem Laute, jedem Bilde eine Stimmung wiedergegeben werden. Nichts ist leer, doch muß man in jede Kunstart eingeweiht sein, sonst ist alles leer."

Die Treppen, die Säulen, die Geländer funkelten in allen Farben und Formen. Eine Kuppel schien aus Schmetterlingsflügeln zu bestehen. Goldleisten umrahmten schnörkelreich die Spiegelwände. Oft glaubte man in unabsehbar weite Steinschichten zu schauen. Smaragde faßten Wasserbecken ein. Perlen schwammen darin. Wir wandelten durch Blumengärten. In einem Zimmer waren unzählige Engelköpfe, die aus dem Glase hervorlugten. Glasblüten bildeten schillernde Gewölbe.

> Blumenreise, Perlensträuße,
> Quellgeplätscher, glatter See,
> Silberzier in Bildernischen,
> Täuschende Spiegel entrückten, verwirrten
> Den geblendeten Blick.

Ich hörte von einigen Knaben Verse in jener neuen Kunstsprache vortragen. Dieselben spielten zumeist in eine einzige Tonfarbe über, doch vermißte ich den Sinn, die feste Augenvorstellung. Das Wort muß Ohr und Gesicht befriedigen.

> Der Klang verhallt,
> Des Worts Gewalt
> Fesselt jede Gestalt.
> Aechter Gehalt
> Liegt nur im Alten.
> Ich preise mich selig,
> Daß des Himmels Stimme
> Zauberumfreit
> Den Sinn mir rührt.

Wonnbeladen
Weht der Lautehauch
In meine Brust.

Die Sprache des Paradieses ist auch die unsre. Warum
sollte ich mehr verstehen wollen? Das Neue beschbet das Alte.
Gott schütze die Kunst!

Wir standen bald in einem Saale, der die ganze Stern=
welt vorstellen sollte. Kometenbüschel glänzten oben. Glas=
gebirge, glatt und kantig, mit Rosenwäldern und Palmenhainen
auf den Gipfeln, ragten ringsum. Hinter den Bergen waren
ähnliche Säle. Der eine zeigte Blitzadern, von der Mitte der
Kuppel nach allen Richtungen verzweigt. Rosaviolett glühte das
Funkenlicht. Tontraute mit Muff und vielen Engeln schwebten
zu einem Palmenhain und sangen Jubellieder. Ein heiteres
Fest versammelte die Bewohner dieser Himmelsräume, und wir
wurden erst müde, als farbige Monde die Rautenburg erhellten.
Dann begaben wir uns zur Ruhe. Durch die Glasscheiben
wollten wir noch einmal Gottvaters Burg sehen, aber ich fand
sie nicht mehr.

Die Träume trugen mich in die unendliche Welt. Ich
spielte mit den Sternen, diesen wuchsen plötzlich lange, graue
Bärte. Alle Gestirne begannen zu sprechen, immer wirres, sinn=
loses Zeug, dann lachten sie und bedeckten die Augen mit Wolken=
ballen; sie verschwanden, ihre Stimmen dröhnten heiser, unheim=
lich. Ich wollte das alles begreifen, redete viel und verstand
plötzlich meine eigenen Worte nicht. Gestalten mit Schlangen=
leibern stürmten den Sternen nach, ich verfolgte sie und bat die
Engel um Hilfe. Die schüttelten ihr Lockenhaupt, und ich sank
in einer Riesenburg nieder. Gottvater erschien über mir, ich
wollte beten und vermochte nicht den Mund zu öffnen. Auf
einem Sternhaufen schlief ich endlich ein.

In einer Glaskugel, die mit weißen, blauen und grünen
Vögeln bespannt war, bin ich davongefahren. Ich glaubte,
weiter zu träumen, rief vergnügt die Thiere an und verbarg
mich in der hohlen Kugel. Es dauerte lange, bis ich die volle
Besinnung erlangte. Ein großartiger Sonnenaufgang entriß
mich endlich den dummen Träumen. Wohin ich fuhr, mußte ich

nicht. Die Vögel jagten immer schneller. Unter mir rauschte
das Meer.

> Gottvaters ewige Burgen
> Sollten wir Teufel erschauen.
> O, Du selige, sonnige Welt!
> Himmelsglück! Träumereich!
> Wie fühlt' ich mich den Engeln gleich.

Wir eilten einem Riffegebirge zu. Als wir näher kamen,
fiel mir die entzückende Regelmäßigkeit auf. Der Stein schien
in flüssigem Zustande von dem Meere herausgespritzt zu sein.
Die Anordnung der Thürme ähnte, von der Höhe betrachtet,
der Form von Seesternen. In der Mitte ragte der höchste von
den vielspitzigen, durchbrochenen Kegeln. Ich verließ mein Ge=
fährt und flog meinen raschen Vögeln in eine spaltartige
Oeffnung nach.

„Ein Teufel? Kommt durch die Fenster herein? Du,
was willst Du?"

Das hörte ich von oben her. Ein kräftiger Mann stieg
eine Leiter herunter, er hatte einen langen Stock in der Hand.
Er fragte wieder, woher ich käme. Ich erzählte von der Flammen=
burg, dem Wilden und von Fernwalter. „Was bist Du?"
forschte der Alte weiter. „Dichter!" „Teufel allein herum=
fahren lassen." brummte jener. „Zeige mir einmal, was Du
gedichtet hast." Er las und verzog keine Miene. „Haben Dir
die Anderen unsere Bauten näher erklärt?" „Nein, ja," versetzte
ich. „Dann will ich das thun." Der alte Maler wies mit
seinem Stocke nach einem großen Zapfengewirre und entwickelte
mir daran die Bauart.

„Die Tropfenbildung wurde hier in allen Gestalten zur
Erscheinung gebracht. Du mußt Dir das Gebäude durch auf=
steigende und herabfallende Wassermassen entstanden denken. Es
sind nun Steintropfen, welche Zapfen, durchbrochene Wände und
den ganzen Reichtum von Zacken, Zinnen und Spitzen hervor=
zaubern. In den bunten Fenstern hat man die Tropfen eben=
falls nachgeahmt. In der Mitte der Hallen befinden sich die
aufstrebenden Steinstrahlen, deren Schaumkronen in die seltsamsten
Tropfen auslaufen. An den Seiten der Bogengewölbe sickert

gleichsam der Stein hinunter, fällt auf den Boden, bildet
Hügel, verbindet sich mit diesen und erzeugt Nischen, natürliche
Pforten. Der einzelne Tropfen ist sehr verschieden geformt. Da
zerspritzt ein kleiner Strahl in einige kleinere, Kugelstäbe legten
sich wie Kränze um die Gipfel. Der Wind verbiegt die nieder=
träufelnden Zapfen. Es ist, als wäre ein Wasserbau plötzlich
versteinert. So ist das Leben erhalten. Bald hängen die
Köpfchen lang gezogen, bald schwimmt und sprüht der teig=
artige Stein."

Wir gingen aus einem Zapfengewölbe in das andre.
Herrlicher wurden die Säle. Seidene Vorhänge verhüllten die
größeren Nischen. Die Mittelhalle war wohl zehnmal umfang=
reicher als die übrigen. Hoch oben brach das Licht durch die
bunten Scheiben und warf deren Farben auf die Steinfliesen.
Jeder Schritt hallte von der riesigen Spitzbogenkuppel wider.
Ehrfürchtig grüßten ein paar Knaben den Alten. Da dieser seit=
wärts trat, fragte ich die Knaben, wie der Name des großen
Meisters sei. „Es ist der Gewaltige," versetzten jene.

Ein seidener Vorhang wurde zurückgezogen, und ich sank
auf ein Knie. Gottvater war dort gemalt. Der Gewaltige
hatte in den großen Nischen die Schöpfung der Welt dargestellt.
Ueberall Gottvater! Ergriffen staunte ich die Kunstwerke an.
Die Schöpfung des Meeres, der Sterne, der Blumen! Mich
durchwehte eine Ahnung von den unermeßlichen Saalburgen All=
vaters. Die Schöpferträume hatte der Gewaltige gebaut. Ich
zitterte vor Erregung. Im Flammenauge des Weltenschaffers
flackerte der unerschöpfliche Reichtum, der Ugrund der Weltkunst.

Wendeltreppen wanden sich bis zur Spitze der Gewölbe.
Der Gewaltige stieg voran, er wollte wissen, welchen Eindruck
das Paradies auf mich ausgeübt habe. Ich sammelte mich und
versuchte zu zeigen, wie mich die großen Kunstwerke, vor allem
die Gemälde, völlig umgewandelt. Jedoch der Alte schnitt mir
das Wort ab und sprach von Felsen und von den anderen
Burgen. Mit jeder Stiege wurde der Blick in die Tiefe
prächtiger. Ich erzählte, wie mir die Umwandlung meines
ganzen Wesens noch viel wunderbarer sei, als die Wunder des
Himmels. Danach theilte ich alle meine Schmerzen, mein Ringen

und Kämpfen mit. Ich redete auch von den Seligkeiten, die ich empfunden. Zum ersten Male lächelte der große Maler. Er nahm meine Hand und begann:

„Als ich das Paradies noch nicht kannte, da rang ich ebenfalls, meißelte mit heftiger Wut und knirschte mit den Zähnen, wenn mir alles nicht gelang. Das Gewaltige sollte mit Gewalt hervorgebracht werden. Das Unerwartete, das Erdrückende, das Ueberbedeutende sollte mein Werk verkörpern. Alle Meister hätten mir zu Füßen liegen müssen, wenn ich mit mir zufrieden sein wollte. Und nichts befriedigte mich."

„Das war der Ehrgeiz, die teuflische Machtsucht."

„Ja, das war es. Ich rang nach dem Vollendeten mit unsäglichen Qualen. Aber die Gier hinderte mich. Ruhe, Friede mußte die Oberhand erlangen. Die Kunst wurde zum tiefsten Schmerz. Wie ich im Paradiese heimisch geworden, zog fast von selbst eine stille Zufriedenheit in meine Brust. Noch immer will ich das Gewaltige, doch hier leben Künstler so hohen Ranges, daß man nicht mehr strebt, sie Alle zu überbieten. Im Paradiese reifen wir Alle langsam der Vollendung entgegen."

„Auch ich glaube, dereinst der Vollendung zu nahen. Ich will nur, was ich kann, ich verzehre mich nicht mehr."

Ich gedachte jener Unterredung mit dem Eremiten und empfand den furchtbaren Abstand zwischen dem damaligen Denken und der jetzigen Klarheit mit jubelnder Freude.

In der Kuppelkrone lag wieder die alte See zu unseren Füßen. —

Wogengefilde!
Wellenbrand!
Schaumgeströme!
Ringender Rausch!
Ewig bewegliches Flutenreich!
Du bist der gährende Schooß,
Der mich der Welten Wonnen gebar.
Nie sinke die Liebe zu Dir.
Unermüdlich sende Dir mein Sehnen
Kampfstürmenden Gruß!
Wiege mich, Brausbett,

In gewaltigem Schwung!

Meermutter,

Preſſ' mich mächtig an Dein Herz!

Ich dachte, meine wahre Heimat kann nur am Meere ſein.

„Sieh'," fuhr der Meiſter fort, „auch im Himmel iſt nicht
alles vollendet. Die Flammenburg könnte noch großartiger ſein.
Man muß nicht gleich das Schwerſte unternehmen, man kann
ſchon mit der Umwandlung der Tropfenform das Gewaltige
heraushauen. Dieſer Palaſt iſt wohl beſſer durchgebildet.

Ich will mich nicht rühmen, Gottvaters Größe gefaßt zu
haben. Wir finden die Größe in ſeinen Werken überall, die
Natur, die Welt iſt ſo reich, daß wir in jedem Augenblicke des
Vaters Geiſt fühlen können. Nebelwetter, ein paar Bäume und
Sumpflandſchaft dürften vielleicht mehr Reize entfalten, als meine
Schöpfungsgemälde.

Die Künſtler, die ganz in ihrer Kunſt aufgehen, werden
immer bedeutend ſein. Nur Narren mögen unterſuchen, wer am
meiſten geleiſtet hat. Die Kunſt lebt um ihrer ſelbſt willen und
nicht, um gelobt zu werden. Darum iſt mir jede Schmeichelei
gründlich verhaßt."

Wir begaben uns wieder hinab, und der Alte ſchilderte
mir einen großen Palaſt mit ſchwungvollen Bogen und Strebe=
pfeilern. Dort hatte er Standbilder aus Erz und Stein ge=
meißelt. —

Tage und Nächte weilte ich im Tropfſteinpalaſte. Manche
derbe Wahrheit kam aus des Meiſters ſonſt ſo mürriſchem
Munde. In den hohen Hallen ſchlich ich leiſe umher und
dichtete. Der Anblick der Vollendung, die reizenden Verhältniſſe
erquickten mich, und ſeligheiter lebte vor mir Welt und Kunſt,
das Große wie das Kleine, das Bedeutende wie das Geringe.
„Es iſt alles gut." Vor dieſem Satze beugte ſich das Glück
und bediente mich mit ſeinen Seligkeiten.

„Giebt es ſchlechte Kunſtwerke?"

„Ja, nur nicht im Paradieſe. Wer ſich ausſchließlich der
Kunſt geweiht und in ihr aufgeht, wird immer etwas zu Tage
fördern, das man anſehen oder anhören kann. Tadelloſe
Vollendung wohnt nur bei Gottvater. Schaffe, was Du kannſt.

Du weißt doch, daß alles Uebrige teuflisch ist. Bemühe Dich,
das nicht zu vergessen und sei thätig, fleißig, arbeite, schaffe, laß
das dumme Schwatzen."

Ich dankte warm und innig für die Ermahnung. Ich habe
den Gewaltigen wie meinen Vater geliebt.

> Du göttlicher Meister,
> Was weisest Du stolz
> Der Liebe Verehrung
> Für immer zurück?
> Ich kann's nicht verschweigen,
> Hehr leuchtet das Licht,
> Das Du der Welt entzündet.
> Gewaltiger, zürne mir nicht.

Wie Beeren und Dolden hingen die Steinäste über der
hohen Brüstung, unter der der Alte still und ernst malte.

> Tappen, Klappen klirrt behutsam
> Durch die Gewölbe.
> Träufeln leise, bedächtig
> Die Kugelköpfchen?
> Verblasen blähen sich Beutelbälle,
> Schleuderquellen umquillen
> Die Zipfelzapfen,
> Tausendfinger bedrohen
> Die Zackenhallen.
> Birnekegel, Apfelknorpel
> Triefen traumselig
> In die Tröpfelnapfe.
> Der Stein ist im Fluß.
> Knaufknoten recken zu Ränderbeeren
> Die Leckezungen.
> Strahlzerrissen sprühen
> Spritzespitzen
> In die Kuppeltrauben.
> Die Sickerwände hängen und tragen
> Die Zittergebilde.
> Zopfzierzinnen rinnen
> Und spinnen.

9

Formflaufen hinter den Fallball.
Spielwillig, schleuderverschlungen
Schwillt und rollt der Tropfen.
Es knistert die Seide! Gewaltiges Schallen!
Hinter den Tropfen, hinter der Seide
Regt sich das Leben.
Die weite selige Welt ersteht.
Der Allgeist schwebt durch den Saal.

Als eine große Flotte von ungefähr hundert Schiffen vor=
übersegelte, holte mich der Cherubim zu den anderen Teufeln
zurück. —

Ein buntes Fahnen= und Segelgewirre schwamm auf den
froh belebten Wellen. Ich befand mich bald in einer Schaum=
barke. Der Bord des langen Bootes wurde durch silberne
Schaumkronen gebildet. Stolz blähten sich die hellgrünen Seiden=
segel. Die Pracht der vielgestaltigen Fahrzeuge nahm meine
ganze Aufmerksamkeit in Anspruch. Als ich noch einmal den
Tropfsteinpalast anstaunen wollte, da standen die Thürme schon
in der Ferne.

Muff und die Tontraute waren nicht bei uns. Die anderen
Teufel erzählten viel von den Wunderburgen, die sie gesehen.
Wir hatten Alle die reichsten Eindrücke empfangen. Das Leben
auf den Schiffen bot ebenfalls den buntesten Wechsel. Man
zeigte uns Kunstgeräthe, Gemälde, Teppiche, Bildhauerwerke.
Der Gesang der Engel schallte durch das Branden der Wogen.
Die Künstler plauderten von ihrer Arbeit. Wenn die Nacht
hereinbrach, leuchteten die bunten Lampen und Fackeln wie Glüh=
würmer. Oft kreiste der Becher. Kleine Nachen führten Be=
sucher von anderen Barken auf unser Deck. Tage und Nächte
schwanden wie Stunden. Die seltsamsten Geschichten wurden
mitgeteilt. Geigenmusik und Tanz und Spiel folgte den größten
Gesprächen. Wir segelten an mancher Insel, manchem Felsen
vorbei. Eines Morgens bedeckte dichter Nebel das Meer. Als
der sich ein wenig gehoben, bemerkten wir eine Schar Riesen
vom Ufer her durch das Wasser waten. Die fürchterlichen
Leiber und Köpfe erschreckten uns.

Die kräftigen Gestalten knüpften lange Ketten an die

Schiffe und schleppten diese durch ein gewaltig hohes Felsen=
thor in eine Meerenge. Zu beiden Seiten sahen wir die
himmelragenden Körper der Riesen als Standbilder in den
Fels gehauen. Die wildumbuschten Gebirge ließen nur einen
schmalen Weg für die See. Die Riesen hatten den Durchgang
hergestellt und oft die dicksten Bergrücken zerschlagen, so daß wir
zuweilen durch glatte, senkrechte Steinwände dahinzogen. Bald
gelangten wir wieder in größere Seebecken.

In einer stillen Bucht lagen die Pilzschlösser. Dort wohnten
die Schwarzen. Die buntfleckigen Kegelkuppen erhoben sich selt=
sam aus den üppigen Blattgewächsen. Bananen, Palmen, wilde
Gartenpracht umwucherte die herrlichen Hügel. Weiter höher
ragten weiße Bergrücken in den blauen Himmel. Der Riese
keuchte, schäumte die Wasser zur Seite, so daß die Strudel
hinter ihm rauschend zusammenschlugen. Die vor uns schwim=
menden Barken wurden zumeist unsren Blicken entrückt, da sich
der Wasserweg im Zickzack hinschlängelte.

Auf einem Blattkahne, dessen Stengel sich hinten schnecken=
artig überkrümmte, kam ein Schwarzer heran. Er hatte ein
rothes Tuch um den dunklen Kopf gewunden, ein weiß und blau
gestreiftes Gewand verhüllte die schwarzen Glieder. Der Schwarze
band seinen Kahn an unseren Schaumbord und gesellte sich zu
uns. Rothkopf nannten ihn die Engel. Die neuesten Schiff=
formen waren von ihm erdacht. Man erkundigte sich nach den
Luftschiffen, und der Meister gab genauen Bescheid. Bald aber
drehte sich das Gespräch um Böte, die unter der Seeoberfläche
fahren und bis auf den Grund tauchen konnten. Große
Zeichnungen holte der Rothkopf hervor und erklärte daran die
Räderwerke, mit denen die Schiffe getrieben wurden. Er ver=
sprach, das neueste Werk später zu zeigen.

Natürlich drängte sich Dick vor, um seine Neugierde zu
befriedigen. Er fragte fortwährend. Aus den Antworten des
Schwarzen entnahm ich, daß die hauptsächlichsten Erfindungen
bereits gemacht seien, daß man aber Vieles änderte und ver=
besserte. Dick nahm die Gelegenheit wahr, um seine Gelehr=
samkeit an den Tag zu legen. Sie unterhielten sich über Wissen=
schaft und Forschung, und ich versuchte, deren Verhältnis zur

9*

Kunst festzustellen. Man mußte mir trotz der begeisterten Rede Dicks zugeben, daß die Wissenschaft nur ein Bindeglied für die Kunst sei, wohl die Kunstschöpfung erhöhen, aber nie verdrängen könne.

Wir schaukelten an langen Säulengängen vorüber, die prächtigen Teppiche und Tuchstoffe in den offenen Hallen veranlaßten Dick über die Herstellung der Gewänder zu sprechen. Ich erfuhr dabei, daß Sammet, Seide, Brokat und die feineren Wollstoffe in der Nähe der Wasserfälle verfertigt werden. Rothkopf erzählte so viel von den künstlichen Räderwerken, den Spindeln, Rollen, Walzen und Webestühlen, daß ich beinahe mein Urtheil über die Erfindungen zurückgenommen, zumal die Benutzung der Wasserkräfte kaum eine Hand der Kunstthätigkeit entzog. Jedoch somit bewies sich ganz klar, wie die Wissenschaft eine liebe Freundin der Kunst genannt und derselben nicht gegenübergesetzt werden dürfte.

Ich räumte den forschenden Denkern eine mütterliche Stellung der Kunst gegenüber ein, denn wie hätte sich diese zu entwickeln vermocht, wenn das Aufziehen der Segel, die Ueberführung der Steine und Geräthe mit zu großen Schwierigkeiten verknüpft gewesen. Farbstoffe, Pinsel, alles künstlerische Handwerkzeug mußte hervorgebracht werden. Ich dachte an Gottvater und fühlte da, daß Ihm doch der höchste Dank gebühre, denn Er schuf uns Lebenswasser, nur so konnten wahre Künstlervölker auferstehen.

Am Ufer zu beiden Seiten blühte die Blumenpracht in üppigen Gärten, sie umkränzte die seltsamen Schlösser. In diesen schien jede Pflanzenform in andere Bildung geleitet. Glatte Wände wurden derartig mit bunten Steinen und Mustern gefüllt, daß man sie für Teppiche halten konnte. Einige Häuser bedeckten große Tücher, deren Faltenlage die schönsten Dächer und Gesimse gestaltete. Schnörkelgewirr und Gemälde prunkten um die Fenster und Thüren, Thürme krönten die Bergspitzen. Blumen- und Muschelgebilde hatte man so verzogen, verzerrt und verziert, daß die ursprünglichen Vorbilder aus der Natur nicht wiederzuerkennen waren. Ein Engel belehrte mich, wie die Baukunst gerade die Kunst sei, welche, nicht zufrieden mit der natürlichen Erscheinung, über dieselbe hinausgehen wollte. Damit erzielten die Künstler eine ähnliche Wirkung, wie die Um= bilder der Thierform.

Jedes Gebäude weckte seine eigene Empfindung. Die ge= brungene Kraft ward durch sehnige Körper veranschaulicht; diese mußten Thore, Dachbalken und Thurmglocken tragen. Man empfand selbst in der geschnörkelten Verschiedenartigkeit der Säulen bestimmte Stimmungen.

Wir fuhren rasch, aber sehr lange, und es dunkelte bereits. Unser Riese zog uns durch einen großen Blumenwald. Dick unterhielt sich noch immer mit dem Rothkopf. Sie redeten über die Spiele und Zerstreuungen im Paradiese, und der Schwarze bat den Dick, nur etwas zu warten, er solle das Alles aus eigener Anschauung kennen lernen. Wir steuerten durch ein größeres Seebecken. Braune Felsen versperrten den Weg. Die übrigen Schiffe lagen am Strande, wir jedoch schäumten in eine große Felsenpforte hinein.

Tiefgrüner Duft
Ruht auf dem glanzweichen Stein.
Grottenhain,
Deine grüne Zauberflut
Welle die Wunderluft
Um uns Alle.

Scharen, in Festkleider gehüllt, entsteigen den Böten und Kähnen, tragen ihre Kunstschätze zu den Sälen hinauf, begrüßen einander. Wirr verhallen die unzähligen Stimmen. Die Riesen sitzen auf den weißen Steintreppen und schauen dem Getriebe zu.

„Hilf mir die Schneerose tragen.“

„Du hast sie gemalt? Der süße Märchenblick! meisterhaft!“

Die Lichte baden in dem Seidenfels, in den braunen Würfelkuppen. Hinter den Nischen leuchten die Himmelsfluren. Gemälde, Steinbilder thronen im weiten Saal. Bunter Teppich dämpft den Schritt.

„Drängt nicht, wir müssen warten.“

„Hellgute, was träumst Du?“

„Die feinsten Gewänderfalten vermögen nur der Glieder

Reichtum ahnen zu lassen, aber die Körper der Frauen haben wahrlich den üppigsten Reiz. Die Form!"

„Nein, der Knabe . . . ."

„Schaumselig schlürfen wir Wein,
    Lauteliebe lächelt uns an."

„Pferd und Reh sind schöner als die Engel."

„Alles ist schön."

„Ein Ding hat mehr Anmuth als das andere."

„Seit wann bist Du im Paradies? Wir brauchen uns nicht den Rang abzulaufen."

Eherne Löwen liegen auf den Felsplatten. Grottengewölbe in tausend Formen, zerklüftete Pforten öffnen dem Blick die tiefen Grüfte.

    Aus den Hallen führen Berggemächer
    Fern hinab zu stillen Gruben.
    In den Winkeln glänzen Schätze,
    Am Geländer kann ich sie betrachten.
    Sieh, dort unten ist die Schläferkluft,
    Und da drüben dämmert ein Geheimnis:
    Es entsteigt dem Dunkel
    Eines Engels Traum,
    Die Träume vergrößern die Welt.

„Der mächtigste Herrscher auf einem großen Sterne! Das Volk kniet vor ihm. Er brütet Tücke, Gewalt; vor seinen finsteren Blicken zittert alles. Nicht allein will er seine Kraft fühlen. Die plumpe Kunst in seiner Krone, die Diamanten auf seinem Thronhimmel sind Zeichen seiner Macht. Er ist der König einer Welt. Das bleiche Gesicht mit den wilden Augen ist der Abglanz seiner Gefühle."

„Dem fehlt der Teufel hinter dem Ohr."

    Ich fliege heiter
    Durch die Säle,
    Lausche, schaue,
    So viel ich kann.

„Es ist diese schlaffe Faltenbrust, der dumme Blick, die stumpfe Gleichgültigkeit, das schamlose Wesen sehr widerlich, unangenehm."

„Pfui, häßlich! Solche alten Weiber."

„Man erweckt dadurch Empfindungen."

„Die schlimme Uebelkeit hervorrufen."

„Die Frauen können nicht alle so schön sein wie ihr."

„Schmeichler!"

„Ich bin recht ernst. Mit hoher Lust füllt mich das, was ich zu sehen vermochte. Das Abstoßende solcher verlebten Gestalten beunruhigt nicht. Dort hängt ein Gemälde, welches den gräßlichsten Krampf widerspiegelt. Die Adern der Schläfe pochen, das Blut tritt auf die Stirn, die Frau sieht ein Gespenst. Derartige Gemütserregung rüttelt uns auf."

„Man gewöhnt sich langsam, es wird allmählich angenehm, diesen Nervenschmerz durchzukosten."

„Gewiß, die Kunst versteht Allem alle Seiten abzugewinnen. Schmerzen darstellen, oder sie betrachten, wandelt unser Gemüt um, wir werden reicher."

> Wolkenglanz
> Mit niegesehnem Farbenwechsel,
> Schmutzig bleich und grell verschwommen
> Hauchig zart, voll Schmelzeglut.
> Lüfte fern umgrünt
> Schweben leicht in düstren Rauch.

„Man hat in diesem Zimmer die besten Bücher aufgestellt. Selten klingt ein Geigenton hierher. Wir sind ungestört. Auf jener dunklen, abgeplatteten Kugel konnten sich, ich sagte das bereits, eigentümliche Sagen entwickeln. Sonnenschein giebt es dort eigentlich nicht."

„Verzeiht, ich gehe schon —"

> Weise Männer leben gern
> Ungestört und still allein.

„Halt ein! Gräßlicher! Er sticht dem armen Knaben immer tiefer das Messer in die Brust und weidet sich an den Qualen des Kindes. Die flehenden Arme, das verzerrte Antlitz! Grausamkeit und Schmerz darstellen — fort, fort!

Was ist das? Nun, das hätten wir auch in der Hölle malen können. Der Wollustsaal! Die rothen Quadersteine sind zu Perlen und Blasen verarbeitet. In den Köpfen jeder Ausdruck bald stumpf wild, bald abgespannt stier, bald müde schläfrig. Die Leidenschaft quält. Unten sind Jünglinge, sie sprechen leb= haft. Hinaus!"

„Jeder Bewegung, jeder Stellung muß man nachstöbern. Das unermüdliche Sehen führt zu durchweg neuen Bildern. Ein gewöhnlicher Engelzug, schlafende Jungen weiß der Pinsel zu beseelen."

„Wunderthiere sind natürlich das Gegenstück zu Deiner Richtung. Meine Seeschlangen werden vergessen. Seht doch diesen Fischkopf und den behaarten Schlangenleib."

Unterseeische Landschaften mit abenteuerlichen Ungeheuern, Drachen, Krallenvögel, Bären mit Schmetterlingsflügeln und Rehfüßen kamen mir zu Gesicht. Ein Alter sagte:

„Der Künstler kann nur das geben, was er von der Welt empfing, allein durch Umstellung seiner Eindrücke bringt er Neues hervor." —

In einem Gemache lagerten an den Wänden Frauen= gestalten in Stein gehauen, einige standen oder gingen.

Hauchgewebe
Schmiegt sich wellig
Tausendfältig weich
Um die Gliederschwellen.
Schenkelform und Busenwärme
Schwillt im Schleier
Bebet, lebt.
Strich an Rundung!
Arme, Waden
Ziehen Fädenstreife,
Bogenreife
Bis zum Knie.

Narrengesichter kichern, schmunzeln, sind albern verkehrt. Du, Pechkopf, ist Dein Zeh' in die Sterne verliebt? Gespreizter Affe, was Du wohl geredet hast! Aber Geist blitzt in jenem Glotzauge. „He, Alter, erkläre mir diese hölzernen Zeichen."

„Räthsel sind es, tiefsinnige Schrift, die Anfänge der Kunst auf einem mir unbekannten Weltball."

„Anfänge der Kunst?"

„Natürlich, bevor man malte, wollte man sich nur ver=
ständigen. Manches ausgebildete Gemälde ist nichts als Ge=
heimschrift. Die Leute wollen etwas sagen, von der Rede bis
zur Darstellungskunst sind viele nie gekommen."

„Soll dort auf der anderen Seite die Dummheit aus=
gedrückt sein?"

„Ja, was wir hassen, stellen wir ebenfalls dar, die Kunst
soll uns auch versöhnen."

Trepp' auf und ab, durch Pforten und Säulengänge geht
mein Pfad. Tausendkantig ist der vielfarbige Stein. Geigen=
klänge dringen leise durch den Grottenpalast.

Hoch in Zapfenhöhlen
Flattern Hände, Köpfe
Wild, verwirrend, lechzend
In toll zerrissener Lust.
In Wonne krümmen,
Recken sich schauernd
Die seligen Glieder;
Flammjubel begeistert die Schar.
Rasegewalten verzücken, vergehen. —
Brausender Flutenfall schäume hinein! —
Seelenpein, Schmerzenmacht
Will darüber staunen;
Die Klagegesichter flohen
In ihr Nischenheim. —
Droben thronet Sternenacht.
Engel umschweben die Felsenbogen.

Ich fliege weiter. Löwenkämpfer, ringende Riesen sind
mit allen Sehnen und Adern in die höchste Spannung getrieben.
Die Werke bestehen aus Erz und Stein.

Schlafende Knaben
Und schlummernde Frauen
Träumen auf weicher Gewänder Pfühl.
Der Busen bewegt sich,
Er athmet voll Vorsicht,
Um keinen der Kleinen
Zum Leben zu wecken.

Schlaff hängt die Hand herab
Auf den purpurrothen Sammetsaum. —
Umscherze die Müden holder Gespiele
Herztraute Lächelgeberde!

Die liebliche schneeweiße Gruppe schmückte die Mitte des Saales. Kleine Höhlen hatten runde Löcher, aus denen hell beleuchtete Männerköpfe hervorblickten. Ringe mit Trichtern, von Saugnäpfen umgeben, verzierten die Wändekanten. Wo die Deckenmalerei begann, konnte man nicht erkennen. Ich bemerkte oben in den seltsamen Gewändern ganz neue Farben. Durch die langgestreckten Fluren flog ich, neben mir übermäßig üppige Landschaften. In den Lüften jagen Adler Feuer schnaubenden Hengsten nach, die gehetzten Thiere stürzen schier den Fels hinab.

Goldig schimmert das nächste Gemach. Das Unmögliche scheint dargestellt: Rosige Wolken umhalsen sich. Die Natur geht in Engelgestalten über. Thürme werden zu Riesen. Es lebt alles, magere Hände ragen aus unsichtbaren Welten heraus! —

Bleich verzerrter Wahnsinn ist in dunkle Grüfte gebannt. Welche qualvollen Gesichter! Da die entsetzlichste Lust! Maßloses Toben! Fieber! Waghalsige Kunst!

„Siehst Du schon etwas?“

„Nein, es ist ja dunkel.“

„Strenge Dich an.“

Ich lehne mich über die Fensterbrüstung und suche Licht auf der schwarzen Fläche. Langsam kommt eine Farbe nach der andern zum Vorschein. Ein Nachtbild!

Ich würde, wär' ich Maler,
Das Unsichtbare malen.

Wir wenden uns rechts. Laute Reden werden geführt. Aeltere Männer, Gelehrte, streiten über alte, lange vergangene Zeit. Einige jüngere Forscher sind sehr heftig.

„Man kann das Dasein jener Säulenform garnicht beweisen, widerlegen auch nicht.“

„Das ist ein Irrthum . . . .“

Keine Paradieseslandschaft ist gemalt. Die Sterne haben

ihr Bestes hergesandt. Wunderliche Körper! Schlachten, Leichen, Riesenköpfe. Diese Wesen haben fast gar keine Aehnlichkeit mit den Engeln.

„Junge, wie gefällt es Dir hier?"

„Ich bin im Himmel."

„Das glauben wir. Hast Du schon den Sternenritt gesehen? Habe ich gemalt. Kleine Engel reiten auf den Sternen. Weltall wird Schlingelheim. Ich heiße Flunkerfroh, vergiß mich nicht."

„Warte doch!"

Der Maler lacht, und ich eile ihm nach. Sein Gemälde füllte die Decke.

Ueber mir wehen die Tanzweisen eines Luftreigens. Schöne Leiber sind um einander geschmiegt. Doch die Musik in der Ferne spielt nicht zum Tanze, sie ist groß, ernst. Den Tönen will ich näher kommen. Doch ich kann mich von den Marmorgruppen nicht trennen.

Gesteingestalten halten mich,

Schleifen und greifen,

Fliegen und biegen

Jubeltoll im Schleuderwurf

Die Schlangenkörper

In Rankegeschmeide.

Weideziere, wellgedrehte,

Schlüpfelustige Mägde

Lachen, umschlingen, umringen

Mit kosiger, rosiger, rühriger Anmuth

Die Reize räkelnde Freundin,

Erflehen den lieblichsten Tanz,

Bitten die Ruheverlorne

In ihren Kreis.

Jetzt klangen ganz nahe die Geigen. Ruhig weihevoll blickten mächtige Standbilder auf mich herab. Der große Hallengang schien rings um einen größeren Saal zu laufen. Erhaben still in ewigem Frieden saßen die ernsten Steinfrauen da; die eine hatte den Kopf in die Hand gestützt. Ich bemerkte in einer Ecke unsre Hexe. Ein Engelknabe lehnte neben ihr an einer

Säule. Sein weißes Silbergewand reichte bis zum Knie. Ein
duftiger, zartgrüner Hauch umschimmerte die Fittige. Lange,
blonde Haare wallten auf die Schulter. Der Engel kehrte mir
sein fein geschnittenes Antlitz zu; das klare braune Auge betrachtete mich. Ich bewunderte des Jünglings weiße Haut, die
wellige Lippe, die leise gebogene, schmal gebaute Nase. Das
seidene Kleid schien mit feinstem Glitzerthau bestäubt.

„Willst Du gleichfalls hier bleiben?"

„Wo? Ich will, was Du willst."

Er nickte sinnend, wir gingen über den schwarzen Spiegelstein und gelangten in einen weiten, dicht mit Engeln gefüllten
Grottensaal. Die Musik verstummte, ein riesiges Gemälde bedeckte die gegenüberliegende Wand. Breite Stufen führten auf
unserer Seite bis zur Decke hinan.

Man flüsterte.

„Hast Du schon ein Tonschauspiel gesehen?"

„Ich weiß nicht."

„Es wird das Leben eines Wesens dargestellt werden,
das garnicht vorhanden war. Die Bewohner fremder Welten
konnten nicht so bald zu der Ahnung von Gottvaters Größe gelangen, da haben sie denn als erste Gedichte Götter erdacht, und
unsre Künstler führten diese Gedanken weiter aus. Wir wollen
nicht nur alle Gefühle nachfühlen, sondern sogar neue Empfindungen
ausdenken, alles Erdenkbare soll uns erschlossen werden."

Es wurde dunkel, darauf wieder hell, und Festtrubel
brauste durch eine herrliche Säulenburg. Harfenklang, Tanz,
Spiel und Gesänge wogten in einander. Bunt gekleidete Mädchen,
Knaben und tausend Diener gingen und kamen. Heftiges Schellen-
geklinge unterbrach die lustigen Weisen. Der Gott in goldener
Rüstung betrat den Palast. Der Siegesjubel der Heldenschar
dröhnte wie Donnerreigen. Es war der Gott des Krieges.
Das Waffengetöse erstickte jeden anderen Laut. Ein üppiges
Mahl wurde aufgetragen. Posaunen gaben das Zeichen für
den ersten Trunk. Dann wechselten die Gesänge von Einzelnen
und ganzen Massen. Unaufhörlich mußten Geigen und Flöten
das Fest begleiten. Die Kriegsbeute ward hereingebracht.
Andere Götter erschienen, baten den Mächtigen, vom ewigen

Morden abzustehen. Er höhnte sie, nannte sich den Schützer jeder guten Sache und stimmte ein fürchterlich wildes Kriegslied an. Die Kampfgenossen brüllten, die Posaunen schmetterten ihren Schlachtruf dazwischen. Die anderen Götter verließen das Schloß. Es dunkelte. Summen und Sausen zitterte durch die Finsternis.

Als es licht geworden, sahen wir in eine von Fackeln erhellte Höhle. Greise reichten mit seltsamen Geberden einen Weinbecher von Hand zu Hand. Eine Art Gottesdienst soll vorgestellt sein. Der Gott selbst steht plötzlich in der Mitte der andächtigen Versammlung. Grausen erfaßt die tapferen Männer. Doch der Gott flößt den Seinen Muth ein. Stürmisches Schlachtgebet, tolle Kampfesfreude folgen. Die Fackeln verlöschen. Fern verhallen die Hufe der Rosse.

Die strahlende Sonne breitet vor uns das Schlachtfeld aus. Schild prallt gegen Schild. Die Lanzen sausen, die Schwerter klirren. Rosse sprengen über die Gefallenen fort. Die Fahnen flattern. Hörnerklang erschüttert die Luft. Der Kriegsgott stürzt durch die Reihen. Die Posaunen schmettern ihre Siegestöne. Staub wirbelt empor. Der Feind wird niedergeworfen. Grauenhaftes Klagestöhnen heulte gegen das Frohlocken des gottbeschirmten Heeres an.

Trauerlieder und Jubelklänge verschwanden allmählich. Die Sonne ging unter, die Nacht verbarg das Leichenfeld. Noch einmal schallten die Posaunen herüber, der Kriegesgott trank abermals seinen ersten Freudenbecher.

Die Flammen im Grottensaale blitzten mit einem Schlage von Neuem auf. Dasselbe Gemälde wie vorher bedeckte die gegenüberliegende Wand.

Mit großem Geräusch verlassen die Engel und Künstler die Halle. Begeisterte Worte tönen wirr umher. Etwas betäubt begleite ich meinen Engel in einen Tannensaal. Dessen Felsgewölbe war weiß, das dunkle Grün der Bäume in Licht gebadet; die Nadelblätter glänzten. Stille Bachflut wellte sich um die weichen Moosrasen. Böte mit Knaben und lustigen Mädchen wurden aus dunklen Grüften herangerudert. Auf der Insel in der Mitte schlangen sich prächtige Tanzreigen um die grünen

Schilfgewächse. Ich weiß nichts weiter. Der Knabe mit den grünen Fittigen hieß der Märchenengel, das vernahm ich noch.

Quellgeplätscher erweckte mich. Ich rieb meine Augen. Schöne Frauen schwammen in einem Teiche herum. Tageslicht drang durch bunte Scheiben in das reizende Gemach. Kleine Erzgebilde standen in allen Ecken. Ich bewunderte die weiße Haut und die schwellenden Brüste der Badenden. Aber ich dachte nicht einmal an etwas Wollüstiges.

Nach einer Weile erblickte ich die Tontraute und Muff. Mein Freund erzählte von Tongedichten, ich zeigte die Gemälde, bewunderte, vergaß mich, plauderte mit Luftmalern, redete altklug von Lichtgeschichten und fand zuletzt in einem Zimmer, das Mondscheinbilder schmückten, den guten Dick. Der zog mich in eine Büchersammlung und erklärte mir die absonderlichsten Sachen, Bücher mit Zahlen, merkwürdige Schriftzeichen, Abhandlungen über verschiedene Beleuchtungsarten.

Wann hier die Nacht hereinbrach, wußte man selten. Es gab sehr wenige Zimmer, in die der Sonnenstrahl hinunterglänzte. Den Beginn der Finsternis bezeichnete leises Glockengeläute. Alsdann wurden die Schauspielsäle geöffnet. In einem kleineren Raume spielte man den „Schelmkönig". Die kleinsten Engel entwickelten leichte, feine Zierlichkeit. Durch die gewandte nette Art entzückte die liebliche Dichtung. Was alles im Walde, am Rosenteich, in der Eremitenhöhle vorging, vermag ich nicht mehr zu sagen. Nachher haben wir auf einem Meersöller in einer dichtbewachsenen Laube tiefsinniges Zeug geschwatzt. Wir konnten dabei den Mond betrachten, er spiegelte sich in der See. Dick fragte natürlich so viel, daß ich endlich auch zu fragen anfing.

„Wie groß ist das Paradies?"

„Weißt Du nichts von den Wanderengeln? Wallholde höre doch!"

Die Gerufene hüllte sich tiefer in ihr purpurrothes Sammetgewand, die goldenen Franzen raschelten, sie sprach: „Die Antwort hält schwer." Sie lehnte die volle Gestalt ein wenig zurück, lächelte noch zu den Uebrigen hinüber und fuhr dann fort: „Nur wenige kennen das ganze Paradies. Ich bin lange Zeit umhergefahren, habe manche Gegend gesehen, Gebirge, Meere, weite Sandwüsten, und doch gelangen wir noch immer an neue Orte. Hier im Grottenpalaste bin ich zum ersten Male."

Nun erzählte Wallholde von den Engelfahrten. Diese bildeten die angenehmste Erholung, nie geahnte Dinge über= raschten den Wanderer. Und wer sich später wieder mit seinem Kunstplane niederließ, der hatte Stoff und Anregung in Hülle und Fülle. Nun wurde mir auch der Grund klar, weshalb wir Teufel hier von Insel zu Insel, von Burg zu Burg geschleppt waren. Kunstreise nannte man dieses. Dann behauptete die Wallholde, daß die Engel sogar zu den bunten Farbenmoden hinüberfliegen. „Das riesengroße Paradies nimmt nicht alle Seligen auf. Die Monde werden auch mit Zaubergärten und Prachtschlössern umkränzt. Sonnen und Monde kreisen in weiten Bahnen um die Gefilde der großen Himmelskugel."

Damit lenkte das Gespräch zu den übrigen Sternen, und ich wurde belehrt, daß Gottvater auch dort seine Burgen baut, nicht auf allen Gestirnen, nur da, wo viele Künstler wohnen.

„Wo Gottvater lebt, wissen wir selten. Jetzt soll er bei Geschöpfen sein, die mehr Augen als wir haben. Der Vater ist mit der Bildung neuer Sinne beschäftigt. Das theilten uns Seraphime mit."

„Können wir noch mehr empfinden als jetzt?"

„Wer will das wissen? Wir haben Gottes Gestalt und werden sie wohl behalten."

„Gott schafft doch nur das Vollendete."

„Was heißt das? Das Beste hat das Bessere gleich wieder in sich. Wenn wir sagen, die Vollendung wohne bei dem Vater, so meinen wir nur, Er sei größer als wir Alle. Aber es ist kein Kunstwerk so vollendet, daß man es nicht großartiger machen könnte."

„Also treibt Alles in das Unendliche, in das Grenzenlose."

Ich sann über die Bedeutung des Vollendeten. Es ist das zum Ende geführte Werk. Doch in der Unendlichkeit kann nichts das Ende, die Vollendung erreichen. Wir können uns also mit unserem guten Willen zufrieden geben. Oder ist das Vollendete das, was auf allen Seiten voll begrenzt ist?

Während mich diese Gedanken erheiterten, hatten die Anderen weiter geredet. Man berichtete Geschichten von der Ueberführung der Sternbewohner zum Paradies. Flunkerfroh, in schwarzer, eng anschließender Kleidung mit silberner Linienstickerei, wurde sehr gesprächig. An seiner Seite saß die Hellgute in zartblauer Seide. Draußen auf dem Meere glänzte der Mond. Immer lustigere Streiche brachte man in die Erinnerung. Die Engel liebten die mageren Männer auf allen Sternen, die Teufel die Dicken. Ich plauderte unsere bösen Schliche aus. Die Heiterkeit steigerte sich. Ich behielt zuletzt das Wort.

„Wir Teufel waren nur gering an Zahl, die Engel hatten das Uebergewicht auf jener Weltkugel. Da versuchten wir einen sehr gewandten, doch ebenso beleibten Herrn auf unsere Seite zu ziehen. Er starb, und die Engel sorgten dafür, daß er begraben wurde. Wir aber öffneten Nachts die Gruft, legten eine ähnliche Leiche hinein und jagten mit dem Dicken höllenwärts. Die Todtengräber haben noch Jahre lang von Spuk und Gespenstern geträumt."

Man lachte. Die Himmlischen ersannen eben so schlaue Ränke, um ihr Treiben geheim zu halten. Die listigen Engel vermochten Blitz und Unwetter anzuwenden, während wir zu plumperen Mitteln griffen. Uebrigens kam man überein, daß die Teufel im Himmel lustige Gesellschafter seien.

Hieraus folgerte ich, daß wir im Paradiese selbst in größerer Masse sehr wohl gelitten wären.

Hellgute bedauerte die armen Leute, welche weder Himmel noch Hölle kennen lernen. Die Zahl der für ewig Gestorbenen ließ sich wohl niemals aussprechen. Flunkerfroh meinte, von vielen Millionen würde kaum ein Einziger für lebensfähig erklärt. Und diese Berechnung stimmte nur für höher entwickelte Weltkörper. Die meisten von jenen Auserkorenen kommen obendrein in die Hölle, wo sie ja das ewige Leben auch noch nicht erwerben können.

Am folgenden Morgen traf ich den Märchenengel. Wir betrachteten Gemälde und stiegen dann eine Wendeltreppe hinauf.

Rother Schein blendete mich. Ich stand auf einer Felsplatte. In der Runde tobte der Höllenkampf. Die Erzengel warfen Satan und seine Schar zum Paradiese hinaus.

Gräßlich krümmen sich die Schlangenleiber, die Ungeheuer scheinen zu heulen. Die mächtigen Schwerter blitzen durch die Luft. Satan .erhebt drohend seine Faust. Die verzerrten Ge= sichter! Die rasend Ungestümen! Blutströme brausen über die Leichen, die Verstümmelten bäumen sich wahnsinnig empor. Furchtbar entsetzliche Schlacht! Dort hinter den Wolken zittert ein Purpurglanz, Gottvaters wallender Mantel ballt sich zu= sammen. Das ist die Schlachtenküste. Die tobende Wut muß erliegen.

> Ewiger Racheschrei
> Gellt heiser gekrächzt
> Durch das wilde Heer.
> Die Flammen lechzen
> Zum Engelschwert.
> Die Gottestroßer,
> Die Söhne der Macht,
> Fliehen vernichtet,
> Zerknirscht, besiegt.
> Unendliche Schmach!

Satan wollte nicht seines Gleichen haben. Der Erste, der Größte, der Gewaltigste sein, das ist uralter Höllenbrauch. Ich bin auch ein Teufel.

Der Märchenengel flüsterte leise von Gottvaters Liebe zum Satan. Er, der Himmelslenker, wollte seines Gleichen haben, und als nun der Teufel neben Ihm weilte, da fühlte Gott, daß Er doch ewig allein, unerkannt, nie ganz verstanden bleiben mußte. Jetzt sind sie Beide fern und leben Beide allein. In Grabesstille lag der alte Kampf. Wir schritten hinab.

Des Abends wohnten wir wieder einem Tonschauspiele bei. „Weltgeburt" ward es benannt. Urgeheimnisvoll klangen Hörner und Geigen. Neue, sonderbare Töne durchwirbelten den Saal. Wir schauten in eine öde, unendlich weite Wasserwelt. Nebel= massen sanken nieder. Das Wogen der Musik verstärkte sich fortwährend. Eine Riesenblume wuchs durch die Wolkenschleier. Tausendfarbig leuchtete der mächtige Kelch. Lauter jubelten die

Hörner. Die Weltwesen stiegen aus den Blüteblättern. Engel, Vögel und Thiere flatterten in den unendlichen Raum. Ein Pfeifen, Singen und Sausen wehte umher. Neben der großen Blume lugten Knospen aus dem Nebeldickicht, sie öffneten sich schallend und streuten die Rosenpracht, die Lilien und Nelken in die Wasser, auf die Wolken, die sich zu Sternen zusammenballten und in die Ferne zogen.

Als die Weltblume im Meere versank, glänzte der Stern= himmel, er spiegelte sich in der stillen Flut. Tief geheimnisvoll sangen und zitterten die Weisen, bebend furchtsam verhallten die Saitensagen; sie flüchteten mit dem Räthselgeraune davon.

„So war's doch nicht.“

„Du dummer Teufel, wir wollen die Wahrheit nicht er= gründen. Das Unerforschliche sollte dargestellt sein. Es giebt noch mehr Gedichte vom Weltanfang. Die Musik kündet gern das Unfaßbare.“

Ich gedachte des Gewaltigen. Der hatte die Entstehung des Himmels und der Sterne völlig anders ausgesonnen. Der Märchenengel bezeichnete diese Vorstellung als eine Wiedergabe fremder Anschauungen. Derartig sei ungefähr der Glaube sehr unentwickelter Völker.

In den nächsten Tagen saß ich im kleinen Schauspielsaal. „Engelliebe“ lautete der Name des einen Stückes. Ein Dichter= paar! Beide, der Mann und das Mädchen sind mit großen Werken beschäftigt. Jeder Gedanke wird ausgetauscht, es ist ein glückseliges Ineinanderleben. Die innigste Sprache förderte mit jedem Worte die zärtlichste Theilnahme für des Anderen Kunst= pläne zu Tage. Die allergeheimsten Gefühle und Gelüste bleiben nicht verborgen. Die Kinder spielen zu den Füßen der Eltern. Gäste kommen, langweilen sich und gehen wieder. Darauf bringen neue Liebespaare Verwicklungen in die guten Verhältnisse. Die Liebe wird in andere Bahnen geleitet, und die Kunstziele werden vielfach verändert. Zuletzt sehen wir beide Engel eifrig bei ihrer Arbeit, und die Kinder führen das große Wort. Der Uebergang und die verschiedenartige Abstufung der Empfindungs= wärme, der gegenseitigen Zuneigung, war ungemein klar gezeichnet.

Mein Nachbar lachte zum Schluſſe ſehr laut. Er hieß „Troßreich.“

„Kunſtliebe verträgt ſich ſelbſt mit Liebeleben, nicht wahr, Kleiner?“

Ich nickte zerſtreut, wir wurden bekannt und ſprachen draußen über das Schauſpiel. Er erörterte daran die Wichtig= keit der äußeren Vorgänge auf der Bühne.

„Kein Schritt darf umſonſt geſchehen. Das Innenleben ſoll gezeigt werden, dazu brauchte man früher Kämpfe, große Geſchehniſſe, traurige Sachen; davon iſt man abgekommen. Doch nun muß das Aeußere, das kleine Ereignis haarſcharf begründet ſein.“

Als wir eine andere Aufführung beſuchten, die einen Wirrwarr von allen möglichen Dingen vorbrachte, nicht im Paradieſe ſpielte, ſondern unter ſchlimmſter Geſellſchaft, da be= wies mir Troßreich die Ueberflüſſigkeit einer einheitlichen Stimmungs= reihe. Er legte den vornehmſten Werth auf die Darſtellung des Lebens, welches wieder durch die Darſtellung der inneren Eigen= art verſchiedener Leute vorgeführt wird. Er unterſchied noch ein äußeres Leben, das bloße Treiben und Gehen von großen Maſſen. Die Geſpräche regten mich heftig an, ich habe nur viel vergeſſen.

Jenes Spiel dünkte mir ein Gemiſch von Haß und Roh= heit. Die Leidenſchaften traten in allen Formen auf. Unzählige Gefühle, Stimmungen und Geſinnungen.

„Sehr viel Begebenheit!“ meinte Troßreich, „es iſt natür= lich, daß dort, wo Leidenſchaft wütet, auch mehr geſchehen muß. Indeſſen die ſeltſamſten Vorfälle im Leben ſind uns grenzenlos gleichgültig. Wir wiſſen, ein Freund kann die anderen ver= rathen, kann ſich oder andere morden, belügen oder lieben. Sehr unterhaltend, nicht?

Was jene dabei denken, fühlen, wollen, das müſſen wir erforſchen. Ein Schauſpiel ſtellt nicht eine Empfindung, ſondern unzählige dar. Die richtige Reihenfolge wird nötig, weil wir ſonſt nicht mitempfinden können.“

Troßreich trug ſeinen Bart kurz geſchoren, ſeine Hände waren ſtets in Bewegung. Wir begrüßten uns täglich im kleinen Saale.

Das Getriebe auf den anderen Sternen ſchien am meiſten

10*

zu unterhalten. Das einsame Leben eines jungen Dichters rührte uns zu Thränen. Er wurde verachtet, stets mißverstanden, er haßte sein Volk, lebte schlecht, benahm sich schwach und zuvorkommend zu Jedem. Ich erschrak, als ich den Armen plötzlich in Wahnsinn ausbrechen sah. Alle seine Gedanken schwirrten nun durcheinander, aber kein Gram verzerrte sein Gesicht. Er behauptete, daß er ein Engel sei und Flügel habe, und Engel holten ihn vom Sterbelager zu Gottvater hinauf.

Die Tage vergingen in heiterem Geplauder. Die Gelehrten entsetzten sich, wenn Troßreich und ich herankamen. Ueber alte Sagen urtheilte mein neuer Freund sehr grimmig.

„Die meisten Sagen sind Unsinn, nicht denkbar, verdrehtes Zeug, da heißt es aus Unsinnigem — Sinniges zu bilden, doch nicht die Geschichten reizen uns, denn sie sind gewöhnlich albern, sondern die Gestalten locken uns an. Um diese zu zeigen, dichten wir jene neu. So bereichern wir die Welt mit Wunderwesen.“

Die Gelehrten empörte das Neudichten, dadurch wurden sie ja vielfach überflüssig.

Wie viel Gesprächen durfte man in den Grottensälen lauschen! Da stritt man über das, was man abgeschlossene Welt nennt, hier preisen schöne Frauen einen neuen, künstlich hergestellten Duft. Ein besonderes Vergnügen verursachte die Reizung des Geschmacksinnes durch farbige, dicke Flüssigkeiten und durch kleine Blättchen und Kugeln, die aus feinstem Teig geformt wurden.

Das Leben bestand nur aus Empfindungen. Ich ereiferte mich häufig für das Kunstgewerbe, schrieb Krügen, Bechern, Schalen und jedem Geräthe die höchsten Verdienste um die Kunst zu:

„Das Kunstgewerbe kann allein die Kunst in größere Kreise verbreiten und damit Kunstvölker erziehen.“

Dieser Satz flößte den Zuhörern bedeutende Achtung vor mir ein.

Mit Muff und der Tontrauten hörte ich „Die Schicksalsgöttin“.

Nächtiges Grauen, dumpfe, klagend verhaltene Töne,

Geigensummen, massiges Wogen, schwer, ernst, hart. Die Göttin des Schicksals, eine übergroße Frauengestalt, entsendet ihre Boten. Man fleht zu ihr, sie sinnt und sinnt. Wenn Einer zum ewigen Leben berufen wird, dann erschallt Frohlocken. Heller Sonnenstrahl läßt die Sinnende verschwinden. Es erscheint die Welt. Zur Nachtzeit schreitet die große Göttin über die Flur, die Gesänge von Nah und Fern preisen und verdammen ihr allmächtiges Walten. Sie weilt überall. Bald blicken wir auf das Meer, bald in Felsen und auf große Städte. Sie rastet zuletzt in tiefer Einsamkeit. Dort erklingen ihre Klagen, sie beweint die sterbende Welt. Nur die milden Weisen ihrer Botenschar erquicken sie wieder. So entsteht allmählich ein Ahnen vom Leben der Göttin, einem Wesen, das nicht war und doch sein könnte. Allmutter sei ihr Name. Die höchste Glut der Mutterliebe verklärte die hehre, himmlische Frau.

Tontraute redete nur über die Musik, die mir so tonmassig erschien, daß ich es aufgab, sie begreifen zu wollen.

Nachdem ich Troßreich aus den Augen verloren, fand ich ihn auch später im kleinen Saale nicht mehr wieder. Ich bedauerte seine Abwesenheit. Denker, Weltweise von einem der größten Sterne, lebten auf der Bühne zum zweiten Male. Mich dünkte, die Falten der Gedanken müßten ihre Schatten sichtbar machen. Die Gedankenwelt verließ die Köpfe der Leute, jedes Bild, jeden Eindruck fühlten, bemerkten wir. Ein Jüngling leugnete Gottes Dasein. Ein Alter sprach von Sternbahnen. Die gar absonderliche Kleidung, die Gesellschaften, das Zusammenströmen geistreicher Scherze, verschiedener Denkrichtungen, Ziele und Ueberzeugungen verwirrte. So verwickelt bot sich manches dar, daß man wohl im Paradiese länger leben mußte, um derartige Kunstwerke vollständig verstehen zu lernen.

Nach diesem Schauspiele begegnete ich endlich wieder dem Märchenengel. Ich hatte den Guten lange gesucht. Durch dunkelblaue Grotten gingen wir zum Elsenerker. Es war eine kleine, offene Halle mit dem Blick auf die See. An der reich umkleideten Brüstung standen prächtige Sessel. Das Geländer zog sich um das ganze Gemach. Mondnacht an allen Seiten! Der Aufgang des Mondes ward in der Tiefe der Wände ge=

malt. Ich schaute in eine Feenwelt. Die Elfen erwachten beim Mondelicht. Aus den Knospen, den dunklen Beeten, von Strauch und Baum nickten die fingerlangen Wunderwesen herab. Ein zierliches Mädchen zupfte voll Ungeduld einem Knaben am Ohr.

„Brüderlein, horch!

Immengebrumm. —

Ich zwick Dich, Du Fauler,

Hör' das Gesumm!

Eine Schildkröte wackelt langsam ihren Pfad, Schnecken biegen die Fühlhörner vor. Bunte Vöglein heben die Köpfchen auf. Eidechsen rascheln furchtsam in ihr Versteck.

Glühwürmer leuchten,

Elfen schweben zur Höhe,

Zarte Klänge durchwellen die Luft,

Märchenduft hängt an Halmen und Stauden.

Kindervolk erzählt vom geheimsten Leben der Natur. Sie machen große Augen, grüßen sich spöttisch und lassen die feinen Stimmen erschallen.

Im süßen Thauduft

Ueber den Hecken

Tanzen die Reizefrohen

Ihren Windezingelreigen.

Sie singen dazu, streuen neckisch

Blütenstaub auf die Plauderbuben.

Wiege Dich schmiegsam

Nach Feenweise

Schlängle, gängle

Nach den Lilien,

Kose leise,

Preise die Nacht.

Die Königin ruht weiter hinten im Walde. Sie schläft.

„Weiche! Weiche!

Nebelgeträume!

Schlummergesäume!

Der Fichte Gipfel

Rauschet so dumpf.

Zaudre nicht länger,
Wir harren geduldig,
Sind Deine treuen Diener."

Die Herolde rufen die träumende Herrin. Doch der böse
Schlingel, der garnicht hören will, steckt tiefer den Kopf in
seinen Rosenkelch.

Im Grase rennt
Das Geisterheer,
Sie rufen, sie klatschen,
Lausch' einmal,
Sie kichern schon,
Die Schlechten lachen mich aus.
Du lieber, kluger,
Alter Mond,
Schein dem Dummen
Ins Gesicht. —
Ach, er merkt es nicht.
Holder Schelm,
Dreh' Dich um!
Wie der nur schläft!

Mit kleinen Hörnern laufen wilde Knaben herbei. Herrisch
tönt ihr Gesang.

„Das nächtige Jagen beginnt,
Vergeßt den müden Traum!"

Schwer ist der Schlummer der Elfen.

Noch einmal vernehm' ich
Die liebliche Bitte,
Den Klageschrei:
„Der Plumpe wälzt sich wieder.
Jetzt tragen wir ihn fort.
Brüderlein horch!
Dein Schwesterlein wacht."

In dem Kreise, der sich auf dem Elfenerker versammelt,
fand ich auch Flunkerfroh und die Hellgute. Beide waren einst
sehr thätig bei der Herstellung des Elfengemäldes gewesen.
Lange betrachtete ich ihr Werk, bis der Märchenengel zu erzählen begann.

Die Männer sogen aus kostbaren Gefäßen blaue Rauch=
wolken auf. Schlangen wanden sich um die Glashälse, den
Schlangenkopf nahmen die Raucher in den Mund. Eine blasse
Mondsichel stand am Himmel. Lichtgelbe Wolken zogen über
sie fort. Die Meereswellen glänzten. Ich lauschte der Er=
zählung.

Bilder tauchten aus dem Meere, seltsame Wunder. Ich
stieg durch Felsenland in das Innere der Paradieseskugel.
Grotten, Flammen, rauschende Wasser, lautlose, dunkle Nacht,
Kobolde, herrliche Steine, Lichtermeere — das alles umspann
träumerisch meinen Sinn. Von nebelhaften Gestalten, lustigen
Buben, Geschichten von weisen Alten und freundlichen Frauen,
deren Wirken und Leben erzählte der Engel. Abenteuer, Irr=
fahrten, Graus und Reiz drängten sich. Welches Leben! Die
feine Sinnigkeit, die Farben, die Worte! Ich verlor mich in
dieser geheimnisvollen Welt tief unter uns.

> Verborgen, still gehütet,
> Lag fern zu unsern Füßen
> Das Zwergenreich.

Bewundernd schau' ich den Erzähler an, ich liebe
den Engel.

> Du Webefein,
> Du Hauchethau,
> Flüsterflechter,
> Quellwart!
> Leidenlöser,
> Murmelmilder,
> Perlehüter,
> Sagebach,
> Zauberzarter!
> Ein Namehader
> Stürmte gar vergeblich
> Auf Deine Mutter ein.
> Und sie, die Gute,
> Meinte ganz gewiß:
> Kein Worteheser
> Vermag mein Kind,

Wie's ihm gebührt, zu preisen
Darum soll es bescheiden
Der Märchenengel heißen.

Von jetzt ab saß ich jeden Abend nach den Schauspielen
auf dem Elsenerker. Wir lauschten den Märchen und unter=
hielten uns über Kunstfragen. Jede Art des Satzbaues ward
erörtert und nur derjenige für berechtigt gehalten, welcher das
einzelne Wort möglichst weit hervorschob. Ich sprach viel über
Auflösung der gebundenen Sprache. Wir verglichen Lautfolge
und Tonfolge, zuweilen untersuchten wir die Stimmung ver=
schiedener Klangwechsel. Die dichterische Bedeutung der Ge=
schichten wurde zum Hauptgespräch. Ich entnahm den Meinungen,
daß man bekannte Dinge nicht so behandeln dürfte, wie un=
bekannte. Die Bildekraft des Zuhörers ist der gestaltungs=
bedürftige Rohstoff für den Erzähler. An Bekanntes oder leicht
Faßbares muß das Neue geknüpft sein.

Die Tage verbrachten wir vor den Gemälden, hinter den
Büchern, deren reiche Ausstattung mich anzog. Im großen
Saale führten uns Geigenweisen das Engelleben vor. Wir
ergötzten uns im kleinen Saale an dem Treiben von wunder=
lichen Käuzen, die auf düsteren Sternen hausten. Gewöhnliche
Leute, gewöhnliches Leben, Flachheit, Unverstand, Narren,
Starrköpfe brachte die Kunst der Schauspieler zur Erscheinung.
Flunkerfroh meinte: „Es soll ein sonderbarer Spaß sein, sich
in die Denkart von Leuten zu versetzen, die uns keine Spur
von Achtung einflößen." Er plauderte gern mit mir. „Es
wird nicht eine einzelne Empfindung im Schauspiel dargestellt
oder zu erzeugen gesucht, sondern die Eigenart vom ganzen
Empfindungsleben verschiedener Wesen; natürlich erweckt auch
diese wieder eine einzelne Empfindung, doch dieselbe besteht aus
so unendlich vielen Sinneseindrücken, daß wir ihr die Einheit
bestreiten können."

Geschichts= und Zeitbilder wurden auch behandelt. Das
alte Paradies lebte auf. Der Fortschritt in der Kunst sollte
dargethan werden. Das Empfindungsleben ganzer Geschlechter
Völker und Zeiten beschäftigte die Schauspieldichter. Ihr Können
nöthigte mir gewaltige Achtung ab. Unverständlich war mir

manches. Trümmer alter Herrlichkeit baute man wieder zurecht. Ein Schlachtenkönig steht mir besonders klar in der Erinnerung. Er führte Krieg, um höhere Bildung vor rohen Horden zu schützen. Es donnerte, knallte, krachte in seinen Schlachten. Ich glaubte, Mordwaffen aus der Hölle hätte er geholt.

Tags über veranstalteten kräftige Männer gefährliche Ring= kämpfe. Bildhauer schauten zu. Tänze, Sangesfeste, Ballspiele gewöhnten uns immer mehr an paradiesisches Leben. Wir ver= kehrten mit den Schauspielern, Gedichte wurden vorgelesen. Im Dämmerlichte stiller Grotten konnten wir ausruhen und uns sammeln.

Einen schwebenden Festzug hatte man eines Abends als tonloses Prachtschauspiel angeordnet. Wie anders erregte da= gegen ein Gespensterstück. Wüstengeister, summende Musik, grauenhaftes Zeug, das Haarsträubende rüttelte wieder die Ruhe zum Leben. Das liebliche Märchenspiel entzückte mich allerdings mehr als alles andere. Doch auch tiefernste Gebiete berührte die Kunst. Die Lebensmüdigkeit, die Todesfreudigkeit umgab die Musik mit verlockenden Lauten. Mit allem, was man je gegen den Werth des Daseins gepredigt, damit rückten die Leute auf der Bühne ins Feld. Ich dachte, daß die Todten weder zu bedauern, noch zu beneiden sind.

Rothkopf hatte versprochen, uns in sein unterirdisches Boot mitzunehmen. Nun ward auf der Birkeninsel ein Riesenschauspiel vorbereitet; das sollte hauptsächlich für die Teufel etwas Be= sonderes sein. Dort also mußten wir hin.

An den letzten Abenden kam der Märchenengel garnicht mehr zu Worte. Die Blonde, Muff und die Tontraute gesellten sich häufig zu uns. Ein junger Dichter erklärte die Bedeutung des Tastsinnes, den er zu verherrlichen unternommen. Er glaubte, das Gedicht sei immer nur der vorläufige Abschluß un= zähliger Empfindungsversuche.

Die Vorstellung zur Feier des Abschiedes nahte. Der große Saal wurde mit Blumen bekränzt. Die Bewohner des Grottenpalastes wollten fast sämmtlich zur Birkeninsel fahren.

„Das Leben der Götter im Paradies."

Wer beschreibt die Wirren, die nun entstanden? Was

will der Kriegsgott, der Gott der Zeit? Sie fühlen sich un=
behaglich, wenige bleiben im Himmel. Unter diesen wenigen
werden Schlaf= und Traumgott unter Jubelrufen mit Lorbeer=
kränzen gekrönt. Die Götter schienen mir lustig, einige glichen
dummen Ungeheuern. Aber die Musik verzauberte die Ge=
waltigen. Wie der tongewaltige Schluß verrauscht, da schlich
ich fort aus dem Trubel zum Elfenerker. Von dem nahm ich
schmerzlich Abschied.

Ich saß auf einem Sessel mit hoher Lehne, mein linker
Arm lag auf der Brüstung. Der Vollmond leuchtete am
Himmel. Ich träumte. Blondchen schreckte mich auf, sie kniete
neben mir, umschlang mich und weinte. Ihr Kopf ruhte auf
meinem Schooß. Ich blickte hinaus und streichelte das blonde
Haar. Kein Laut kam über unsre Lippen. In der Ferne
schimmerte das endlose Meer. Die Wogen brandeten dumpf
und einförmig. Stunde um Stunde verrann. Der Mond ging
unter. Ich verließ mit der Blonden das Gemach. Wir be=
gegneten dem Bohr, der mit Flunkerfroh Wein trank.

Ich flog zum letzten Male durch die Farbenglut der
Grottengewölbe, bewunderte die goldene Verzierung, die violette
Halle, die Sternhöhle mit ihren Edelsteinen, die Lichterfülle
neben den Kuppelgängen, Sammtdecken, Gemälde, die Stein=
gestalten —

Das war ein Künstlerheim!

Dreizehn stiegen in das unterseeische spitzeiförmige Boot.
Der Cherubim hatte die Teufel allein gelassen. Tontraute, Hell=
gute, Wallholde, der Märchenengel, Flunkerfroh und der Roth=
kopf begleiteten uns. Letzterer schloß den Deckel des Schiffes.
Wir hörten das Stimmgewirr der Engel plötzlich verstummen.
Bräunlich grün lag die Meerflut auf den Glasfenstern. Es
wurde dunkler, wir sahen bald nichts mehr außer der weißen
Flamme, die sich vor dem Schiffe auf und ab bewegte.

Wir fuhren lange Zeit, und ich schlief. Als ich wieder die
Augen öffnete, schwammen leuchtende Fische an den Fenstern vor=
über. Rothkopf hatte die weiße Fackel eingezogen. Glühende
Seethiere kreisten durch das Wasser. Wir bemerkten Korallen,
bunte Schnecken, Moosgewächse, Schlingpflanzen, Felsen, Scharen

von kleinen, silberblanken Fischen. Muscheln bedeckten den Meeres=
grund. Wunderthiere mit langen Schlangenfüßen krochen auf
der Glaswand. Edelsteine blitzten. Bräunlich und hellblau war
das Gethier. Das leuchtete, flimmerte, glimmte! Ich hatte die
Stirn gegen die Scheiben gedrückt und beobachtete dieses bunte
Leben. Die Flut schien bald grünlich, bald gelb, bald grau.

Der trunkne Blick
Irrt wirr betäubt
Durch die still verborgene Pracht.
Meeresnacht! Lichtgewimmel!
Lautlose Welt!

Wir redeten wenig, bewunderten nur das geheime Schau=
spiel. Unmäßig große Ungeheuer sausten durch die Scharen der
kleineren Seebewohner. Immer wieder tauchten neue Wunder
aus der Tiefe heraus.

Und in dieser Tiefe ruhte ein Palast. Stärkeres Licht, ein
wildes Gedränge von allerhand Gewürm verkündete die Nähe
der Burg. Rothkopf steuerte langsam neben einer großen Glas=
fläche dahin. Da konnten wir in einen Palmengarten schauen.

Bis zur Hälfte stieß das Boot in ein Loch, der Deckel
öffnete sich, und heiter begrüßten uns viele Maler, Frauen und
anderes Volk. Grün war der Saal, alle Blattpflanzen des
Paradieses schienen zusammengetragen. Den Boden bedeckte
schwarzer Kies. Die Glaswand erlaubte die ruhigste Be=
trachtung der Seethiere.

In den anderen Grotten vereinten sich Früchte und Fisch=
gestalten zu großen Gruppen, zu Thürbekränzungen und zur
Wandfüllung.

Eine Treppe führte zum Tageslicht hinauf. Aber wir
mußten häufig auf den Stiegen ausruhen. Neben dem Geländer
in den weiten Felsenhallen versanken die tiefen Abgründe, welche
das Innere des Paradieses eröffneten. Auch der Märchenengel
hatte uns verlassen, er weilte wieder bei den Zwergen.

Als wir oben anlangten, braußten die Meerwellen, sie be=
spülten die Stufen einer Rauchburg, die alle Schnörkel des
bläulichen Dampfes zu reichen Kanten, Säulen und Thürmen
gestaltete.

Wir hatten die Birkeninsel betreten; doch das Ziel unserer Reise befand sich am entgegengesetzten Ende des Eilandes. Wir mußten den weiten Weg auf braunfleckigen Pferden zurücklegen.

Weiße Wolken hingen in der blauen Luft, die Bäume waren roth und gelb belaubt. Der Herbst brach bereits herein. Wallholde ritt neben mir, sie zeigte auf einen Schuppenpalast, der noch nicht vollendet; die Steinklötze lagerten unbehauen auf den Hügeln. Die Eigenart des Gebäudes konnte man noch nicht erkennen; Palmenstämme hatten wohl die erste Anregung für Dächer und Säulengänge gegeben.

Wir ritten am Meere entlang. Die breite Straße schlängelte sich über die hohen Ufer, durch das gelbrothe Laub der weiß-stämmigen Birken. Burgen und Paläste schauten von den Ge-birgen herab. Ueber stolz gewölbte Brückenbogen saußten wir klirrend hinüber. Mein prächtiger Hengst ward selten müde.

> He, mein Renner!
> Hurtig jage,
> Keuche weiter
> Ueber Hügel,
> Fels und Thal.
> Trabe, trabe
> Durch den Wald,
> In den Hain,
> An den See,
> Hurtig jage,
> Keuche weiter,
> Frischer Wind
> Wehet keck
> Uns voran.

Der Ritt dauerte zwei Tage. Auf mancher Wiese hielten wir kurze Rast. Am Löwenschloß mitten im Walde fanden wir neue Pferde. Schon tönten fern die dumpfen Glocken, welche den Beginn der Festspiele verkünden.

> Feuriges Roß!
> Spreng im Galopp,
> Schneller, wilder,

Stampfe die Halde,
Lustig, rasch!
Hetze den Wind!
Der Hufe Schlag
Durchdröhne die Flur.

An den Marmorgruppen, den Steinurnen und Standbildern eilten wir vorbei. Durch Pforten, über Brücken ging es den Fels hinauf. Die Glocken brummten durch das verlassene Land. Die Sonne ging unter.

Oben angekommen, erblickten wir in dem großen, weiten Thalkessel eine andächtige Menge von Engeln, Künstlern und Frauen. Die Glocken brummten noch, uns gegenüber erhob sich das Meer. Das Festspiel begann bei Einbruch der Finsternis.

„Satans Rückkunft in das Paradies" wurde dargestellt. An der Küste werden Feuer angezündet; mit heiteren Gesängen entrollte sich wieder das sorglose Leben der Seligen. Plötzlich naht das wilde Heer hoch oben aus der Luft. Satan erscheint mit seinen Teufeln und Hexen, sie schwingen Fackeln und Fahnen. Ein Riese, der aus den Fluten aufsteigt, fragt mit gewaltiger Stimme, welche Kunst die Teufel gelernt. Und der Vater der Hölle winkt lächelnd seinen Scharen, die sich auf das Meer niederlassen. Die Fackeln verlöschen. Es ist Nacht.

Nun ein rother, blauer und grüner Flammenschein mit Rauchwolken. Ein Feuerspiel!

Prasselbüsche
Schleudern die Sengestrahlen,
Den Funkenschaum
Mit Lodergewalten
Hoch auf zu den Sternen
Sprühekelche gießen
Auf die Schimmerähren
Einen Feuerblütenregen.
Tausendfarbige Flackergarben
Lecken am Glühestrauß.
Rasselwedel umflirren
Den Strahlenkampf.
Glanzkrallen verzerren

Das Flammengebrodel.

Die Leuchtebälle, bunt umwölkt,

Stürzen in das Brandgestöber.

Unaufhörlich rauschelt die Glut zum Himmel. Unzählige
Gebilde steigen und fallen. Alles ist groß gestaltet.

Allmählich beruhigt sich der höllische Zauber, reizender,
reicher, feiner wird das Gekreuze der Bogen und Streife.

Brennende Glänzemuster,

Schnörkelgebände, Zipfelreife,

Splitterkräusel zittern

Ueber dem Dämpfedunst.

Bündelwogen,

Schweifeschlingen

Lichterschnuppen

Entzünden bunte Fackeläste,

Knisterreiser.

Eine Züngelkrone

Schwebet im Flimmermeer.

Blitze zucken

Durch den Feuerflutenhader.

Zischende Glimmeströme

Umspülen ein Diamantenspiel.

Wir beugten uns über den Nacken unserer Pferde.

Der Cherubim kam und führte Muff und mich an einen
andern Platz. Dann bat er uns, dem Schauspiele vom Meere
aus zuzuschauen. Wir flogen an seiner Hand davon.

Der schöne Engel stöhnte heftig, er sagte hastig, wir müßten
jetzt zu Gottvater. Wir wollten noch nicht fort, aber er faßte
uns hart an. Ich sah viele Male zurück in das Schäumen und
Sieden der höllischen Kunst, bis dichte Wolken die Feuer verbargen. Ein Sturm toste über der See, pfeilschnell wurden wir
weiter getragen. Der Cherubim ächzte. Auf einem steilen Fels-
eilande machten wir Halt.

Die Insel der Baumeister hatten wir betreten. Herbst-
stürme durchwirbelten das bunte Laub. Die nackten Stämme
bogen sich. Graues Gewölk verdunkelte den Himmel. Nur ein
paar Greise begrüßten uns. In den Hallen der herrlichen

Schlösser lagen Zeichnungen umher. Neue Paläste hatte man aus Thon in kleinem Maßstabe hergestellt. Einfache Linienform, Fischgräten, Knochengerüste, Muster und Schnörkel in vielfarbiger Art wechselten reichlich in den unzähligen Entwürfen.

Draußen die Herbstlandschaft bot alle grauen dunklen Töne dar. Wenig Grün, schwarznasse Aeste und Zweige; das schmutzig braune Laub auf den Wiesen erhöhte noch die düsteren Schauer der Gegend. Ein Schlangenungetüm wand sich um den Gipfel eines Berges. Der Riesenkopf hing nach unten, die Zunge diente als Treppe, wir kletterten in den dicken Leib des wunderlichen Thieres und fanden in jedem Gemache Palastentwürfe, Gemälde von Zinnen und Söllern, alte Ruinen von den ersten Anfängen der Kunst.

Die Baumeister kehrten bald von der Birkeninsel heim, und in einem kleinen Segelschiffe verließen wir dann das Eiland.

Der Sturm tobte, und der Regen rauschte wie fallende Ströme. Muff und ich wurden in graue Pelzkleider gewickelt. Der Cherubim und zwei kräftige junge Männer begleiteten uns. Die Segel des Bootes waren mit bunten Stickmustern durchwirkt. Am Borde hafteten goldene, blau und roth besäumte Zierleisten. Ein Glaskasten auf dem Hinterdeck diente zum Schutz vor dem Unwetter.

Nachdem das Land außer Sicht, wurde die Luft schwül, fast heiß. Blitze zuckten in der Ferne. Der Donner rollte, der Sturm peitschte die berghohen Wellen; die Segel mußten eingezogen werden.

Finstre Nacht verhüllte die wild erregten Gewässer. Der Donner erschütterte die Lüfte. Grelle Blitze schossen im Zickzack durch die Wolkenjagd. Das rosa bläuliche Licht flammte — zuckte.

„Der wahre Künstler verzweifelt nie, er glaubt ewig, daß er sich der Vollendung nähert."

So klang der Trost, den mir der Cherubim gab.

Lichtgelber Nebel lagerte trübe auf der schäumenden Flut. Doch der Glanz der Paradiesessonnen verscheuchte die Wolkenmasse. Feiner Regenstaub rieselte nieder. Zugleich entstanden bunte Bogen am Himmel. Sie kreuzten, verdoppelten sich. Die prächtigen Farben strahlten oder sie verglüten im duftigen Hauch. Die Regenbogen durchwölbten das All, sie tauchten lautlos in das Meer.

An einem Morgen wehten kühle Winde. Eiszapfen hingen vor den Fenstern, auf den Scheiben wuchsen Winterblumen. Als das Glas so dicht überfror, daß wir nicht mehr durchzusehen vermochten, gingen wir hinaus. Der Cherubim legte seine Hände auf unsre Schulter, vorne bei den Segeltauen hockten die beiden Seeleute.

Schnee säuselte vom Wolkenbett
Auf die kalte Wogewelle.
Weiße Stöberflocken fallen,
Steigen, schlüpfen, jagen, hasten,
Sickern wirr durch den Flitterflaum,
Hüpfen, schnellen, rasten rathlos,
Schweben sanft im Flirrgewirbel,
Und huschen zu lieblicher Fehde.

Langsam nahten wir den gewaltigen Burgen Gottvaters. Immer länger wurden die Nächte; Eisberge schwammen in der Ferne, bläuliche Monde schienen mühsam durch die mit Schnee beladenen Lüfte. Wir landeten in der Mündung eines Flusses.

Die Tannen auf den Bergen trugen schwer den weißen

11

Schaum der düsteren Wolken. Die Schollen des Eises trieben um unser Schiff. Zwerge mit langen, weißen Bärten erwarteten uns am Gestade. Die Häuser der Zwerge glichen großen Schwammhügeln, dazwischen schoben sich Blasengebilde, runde, schwarze Löcher sanken tief unter die Schneekuppen.

Das Innere der Höhlen verbarg die zierlichste Pracht. Ampel= und Fackellicht umwob die zerklüfteten Steinwände mit mildem Dämmerschein. Scharen von freundlichen Zwergen eilten herbei. Sie nähten uns braune Pelzkleider zurecht. Dicke, lange Stiefeln mußten wir anziehen.

Durch diese Grotten gelangte man in die Tiefe des Paradieses. Wir tappten durch schmale Treppengänge in einen großen Grubensaal. Dort führten Eisenschienen in weiten Bogen zu dunklen Schluchten, und aus einem Felsenthore kam ein kleines Ungetüm herausgeleucht; seine dicken Fühlhörner stießen fort= während grauen Dampfqualm hervor. Die Augen funkelten so hell wie rothe Fackeln. Mehrere Muschelwagen rollte dieses Dampfthier hinter sich her. Die Schienen klirrten. Wir standen auf warmen Teppichen. Die Zwerge setzten uns die Bauart der Wagen auseinander.

In einem mächtigen Krater konnten wir unten das Leben und Treiben beobachten. Ich bat ein paar kleine Graubärte, den Märchenengel zu grüßen, und sie versprachen mir das.

Ein großer Schlitten, mit sechs Pferden bespannt, brachte uns rasch in die nur vom Schnee erhellten Wälder. Drei Zwerge saßen auf den braun und gelb oder grau und schwarz gestreiften Rossen. Eine Krone von Edelstein überdachte das hohe Gefährt. Weiche Pelzdecken hingen an den Seiten. Helle Lampen be= leuchteten den knirschenden Schnee. Die Pferde trabten lustig durch die dunklen Haine, neben kleinen Seen, über breite Flüsse dahin. Dampfwolken wirbelten von den Thieren auf. Laut schellte das Glockengeklinge. Selten sahen wir einen Mond, und Tag schien es garnicht mehr werden zu wollen. Geisterhaft brauste der Wind, es schneite unaufhörlich. Von der Kälte merkten wir nichts. Der Cherubim hatte sich auch in einen langen, weißen Pelz gehüllt; von diesem war nur der breite, wollige Randbesatz sichtbar, das Fell überzog gelblicher Sammet.

Wir trafen große Eisbären, die sehr grimmig brummten. Das zeigte die Nähe des Meeres an. Ich fühlte mich ergriffen, als ich darauf die bewegte Wellenwelt erstarrt und erfroren fand.

Hoch vom Schollenstrande
Schweifet der Blick
In die klare Weite.
Eisgefilde!
Hehre Winteröde!
Reifspiegel glänzen starr und fest.
Auf der stillen Schleiseflädhe
Riesest feiner Schimmerstaub.
Sterne durchfunkeln die kalte Ferne.
Dort strahlen helle Schneegebirge.
Die frostige Kruste der freien Welt
Umschließet Gottvaters Heim.

Mühevoll lenkten wir die Pferde über die Eisblöcke bis zur glatten Bahn. Die Zwerge, ganz schwarz gekleidet, mit Zipfelhauben auf dem Kopfe, bestiegen wieder ihre Renner und in rasendem Galopp stürmten wir davon.

Die bunten Federbüschel auf den Köpfen der Rosse und die auf den kunstvoll geschliffenen Lampen schwankten, wehten und flatterten. Ein schwaches Mondlicht verlieh dem weißen Schnee einen zartblauen Ton. Die Hufe der Gäule klappten gleichförmig über das einsame Meer. Da wurde heller die Flur. Ein rother Schein hauchte zitternd durch die weißen Decken. Die Zwerge wandten sich um, und der Schlitten hielt still. Wir verließen unseren hohen Sitz.

Purpurstreifen, Feuerdunst,
Von einer dunkelrothen Sonne
Düster durchbrannt!
Zausebalsen umwölken
Das Glutgewisch.
Farbenbündel verdrängen
Den dumpfen Duft.
Blutig umrahmen die Nebel
Das buschige Tauchgeflamm.

Die Pferde wurden getränkt. Ein paar Eisbären humpelten

11*

täppisch heran und erhielten gleichfalls ihr Wasser. Die Zwerge erzählten lustige Geschichten von den zottigen Thieren. Diese holten ihr Lebenswasser immer selbst, mußten dafür einige Dienste thun, trollten dann aber wieder in ihre Einöde zurück. Ich wollte auf einem Bären reiten und der Cherubim gab mir die Erlaubnis. Der dicke Brummer versuchte schneller als die Hengste zu laufen, das gelang ihm aber nicht.

Die rothe Sonne verlor allmählich ihre Helligkeit, doch über den fernen Schneegebirgen verbreitete sich ein gelbröthlicher Glanz, ein Wunderschein entglomm den ewigen Burgen.

Ein Strahlenkranz!

Glitzersprossen!

Ein Keulenfaltenfächer!

Um einen dunklen Bogen

Entspringen Blitzestränge.

Eine Funkelkrone,

Von Stachelspießen

Und Stiebesticheln

Umspreizt!

Das Reise ringende Strebegewirk

Rafft sich auf zum straffen Sprießekrampf.

Loheftreifen entfachen

Die zitternde Strähnenstaffel.

Die Sträubespitzen sprühen, flüchten

In das roth entflammte Weltenall.

Gottvaters Sterneleuchte brennt.

Mein Bär blieb stehen, und ich sprang rasch in den Schlitten. Bald versank das Strahlenlicht, und Monde durch= hellten die Schneegefilde. Wir jagten neben eingefrorenen Eis= bergen vorbei. Zackig erhoben sich lange Züge von grünlichen Schollen. Weiße Vögel nisteten auf den Schneehügeln. —

Es wurde Tag, die trübe, dunstige Sonne beschrieb einen langgestreckten Bogen über dem Meere. Die Sterne verblaßten ein wenig, aber man konnte sie sehen; schwach war hier die Kraft der Sonnenglut.

Segelschlitten sausten mit fürchterlicher Schnelligkeit über die spiegelblanken Eisflächen. Auch andere Schlitten bemerkten wir. Unendlich lang schien der Tag. Wir gelangten an einen breiten, fließenden Strom. In dem freien Gewässer schwammen Ungeheuer, Robben, Fische, die das Wasser umherspritzten. Am Himmel zeigte sich später eine lila Sonne mit solchen Schweifen, wie sie die Kometen besitzen. Der Cherubim erklärte mir, daß die Farbensonnen eigentlich sämmtlich als Kometen bezeichnet werden könnten. Nur in der größeren Nähe des Paradieses verloren dieselben den langen Schweif. Der lila leuchtende Komet verlieh dem Schnee seine zarte Farbe. Muff und ich, wir vertieften uns schweigend in den Anblick dieser Wunder. Die fernen Schneegebirge wuchsen nun mit jedem Schritte höher in den Himmel empor.

Ein Luftschiff mit großen Segeln schwebte vor uns hoch über einigen Eisbergen. Der Cherubim flog schnell in die Höhe und winkte mit den Armen. Die Zwerge sagten uns Lebewohl, wir folgten unserem Engel und beobachteten, wie die Segel oben eingezogen wurden. Ein leichtes Korbgeflecht, an einem Tau befestigt, fiel herab; wir schwangen uns behende hinein.

Mit einem Ruck schaukelten wir durch die Winde, der Korb schwankte heftig. Nach einiger Zeit waren wir im Schiffe.

Seraphime mit rothen Flügeln saßen in dem fein geschweiften Federboote. Ein grauer Kegelschlauch, mit Luft gefüllt, trug das Fahrzeug an vielen Seilen. Dreieckige Segel ragten weit über dem Borde als Windfangen in die Lüfte. Die Engel hatten sich in prächtige Pelze gehüllt. Der Cherubim erzählte von den Teufeln.

Wir nahten den Schneeburgen. Grenzenlos hoch schienen die Wälle. Immer größer, mächtiger, erdrückender stieg das Riesenland vor uns auf. Rasend schnell brausten wir in das freie Reich der Luft. Die Eisgefilde lagen in unabsehbarer Tiefe. Die lila Sonne glänzte, wieder brannte die Sterneleuchte. Schon erkannten wir Wasserfälle, Schollen, Zapfen, Buchten und Schluchten. Als wir die Luftbarke endlich verlassen, hatten wir noch lange nicht die Schneegipfel erreicht. Wir befanden uns auf einer Sturmwarte, die wie ein Erker die Schneefelsen überkragte.

Unendliche Flächen überschaute der trunkene Blick. Doch

wir vermochten weder Land, noch Wasser, noch Eis zu unter=
scheiden. Hügel, Berge, dunkle, helle, wenig farbige Stellen
konnte das Auge erspähen. Cherubime schwebten vorüber, unser
Cherubim nahm von uns Abschied, er bat mich, die Teufel zu
grüßen. Die Stirn in die Hand gestützt, eilte der Engel fort
zu den Seinigen. Ich fragte nach dem Namen des Guten, jedoch
man wußte mir keinen Bescheid zu geben.

· Der Seraphim Weiseklar war von nun ab mein liebevoller
Begleiter. Er ist groß, besitzt ein dunkelgrünes Sammetkleid,
mit braunem Pelzbesatz, die Flügel schimmern wie Gold. Auf
den pechschwarzen Locken liegt eine dicke, braune Pelzkappe. Das
schwarze Auge, die feinen, edel ernsten Züge vereinen Ruhe und
Größe, Zartsinn und Gewalt. Weiseklar ist auch ein Dichter.
Muff verschwand mit einem anderen Engel.

> Erhabene Welt,
> Nun nimm' mich auf!
> Ewig hehres Burgenreich,
> In heiliger Andacht laß mich fühlen
> Des Allgotts Frieden!
> In Traumes Armen,
> Weihewonnig
> Will ich schweben
> Dort wo der Vater
> Seine Welten schuf.
> Voll Seligkeit umschaure mich
> Sein Gedanke.
> Der Künste herrliche Heimat
> Nehme mich auf!

Draußen ward es Nacht. An der Hand des Seraphim
betrat ich die Strahlenhallen der Burg.

Ein endloses Geklüft von Eiszapfenhöhlen!

Schnee lag auf dem hügelburchzogenen Boden. Schweigend
wanderten wir aus einem Saal in den anderen. Weißes Licht
schimmerte durch die Eiskolben. Die erstarrten Tropfen glänzten
oft bunt, zumeist grünlich. Wir gingen durch dunklere Gänge;
Pforten, von unbeweglichen Keilgebilden ernst umrahmt, eröffneten

immer größere Pracht. Einsam, kalt, unentwirrbar wölbten sich
die weit überhangenden Zapfenbogen.

> Kein Engel baute den Palast,
> Unbegrenzte Bildemacht
> Schuf dies überreiche Gotteshaus.
> Lautgewalt verwehe!
> Kühne Worte, tönet leise!

Ich wollte die Größe nur ahnen, doch ich sah sie, meine
Schläfe pochten. Ihn, den Schöpfer, flehte ich an, mich nicht
zu vernichten. Mein Blick irrte befangen zu den hohen Kuppeln.
Ich empfand eine Art Freude, als ich mich späterhin im Freien
befand.

Ein Schneethal mit brausenden Wasserfällen toste nun zu
meinen Füßen. In fürchterliche Tiefen stürzten die weißen
Schaumfluten. Doch als ich emporschaute, da wölbte sich wieder
die Eiszapfendecke himmelhoch über das ganze, riesig breite Thal.

Wir standen bald am Rande des Abhanges. Wir mußten
einen kleinen Wald durchschreiten, jedoch die Bäume zeigten keinen
Blattschmuck.

> Das Reisergeäst beschneit!
> Weiß, klar, fein,
> Von hellen Stäubchen umnestelt!
> Es häkelt sich ein Kreuzgeäder
> Um die schwarzen Stämme.
> Das Gewirr der Faserflocken
> Ist von Stöberreizen
> Licht betupft.
> Weiße Nadelhäute
> Drängen zausig zart
> Ueber dicke Hülsenhüllen.
> Zu den weich umschalten
> Knorrezweigen.
> Weiße Prickelfunken spicken,
> Kleben in dem Kräuselweben.
> Knitterfäden klettern,
> Recken die Spitzgebinde
> Hinein in die Astgestricke.

Es sprüht der frische Reifwald
Leuchteschneeduft.

Weiseklar hob mich auf seinen Arm, ich legte den Kopf an des Engels Brust wie ein Kind. So flogen wir lange Zeit über den rauschenden Strom. Mein Auge versuchte die Höhe der Bogen zu ermessen, doch vergeblich. Ein neues Himmelszelt schien die weiß durchglüte Riesenhalle zu sein.

Auf der anderen Seite des Thales mußten wir noch zahl= lose Gewölbe durcheilen, bis wir endlich den Sternhimmel wieder begrüßen durften. Ein grünes Mondlicht verbreitete seinen milden Glanz über die zum Himmel ragenden Schneegebirge.

„Drüben siehst Du einen Palast,“ flüsterte leise der Seraphim. „Hinter uns liegt der große Wall, auf dessen Zinnen wir jetzt stehen.“ Eine breite Straße führte hinaus, den Burgen zu.

Wir bestiegen einen herantrabenden Riesenhirsch. Der Engel setzte sich auf den Schuppenpanzer des Thieres. Ich kletterte auf die Spitzen des Geweihs; von dort aus konnte man über die Schneebrüstung hinweg in die grausige Tiefe starren.

Dämmerlicht lagert in den Abgründen, nur die Gipfel der weißen Bergthürme blitzen von Zeit zu Zeit in dem prächtigen Strahlenlicht auf; nur die Sterneleuchte durchhellt die Nacht. Der Schnee glitzert, und die Gestirne funkeln.

Weiseklar sprach von den Schöpfern dieser abgeschlossenen Gotteswelt. Erzengel hatten das Werk vollbracht.

„Der große Wall zieht sich rings um das ganze Wunderreich.“

Ich horchte aufmerksam, als der Engel vom Satan erzählte. Dieser schuf mit Gottvater den Plan der Paläste. Doch nichts vermochte dem Teufel groß genug zu sein. Der Herrscher der Hölle wollte das Unmögliche, aber im Innern verbarg er einen tückischen Gedanken. Diese Wälle sollten ihm zur höchsten Macht verhelfen, hier wollte sich der Wilde verschanzen. Und der Herr des Paradieses durchschaute den Argen, und zum Zeichen Seines Fluches ließ Gottvater Sein stilles Heim erstarren. Die Eiswelt sollte jede Erinnerung an den Gebieter der Flammenwelt vernichten.

Die ernste Kunde haben die älteren Teufel bisher wie ein

Geheimnis gehütet. Doch nun durchweht ein anderer Geist die Söhne der Macht.

> Aus dem Dunkel naht
> Eine neue Zeit.
> Sie bringt Erlösung allen Wesen;
> Sie zögert, wenn wir müßig von ihr reden.

Die breite Straße lief an der hohen Schneewand des Walles entlang. Je weiter wir aus der Felsenbucht heraus= kamen, um so größer wurde die Aussicht.

Am äußersten Rande des Vorgebirges war ein geräumiger Zinnenerker. Ein kleines Luftschiff steuerte dort vorbei, das brachte uns über die düsteren Abgründe hinüber zu dem Gottespalast.

Schneebedeckte Felsengipfel reckten sich über die Gebirge. Wir ließen uns vom Winde in ein weites Bergthor treiben. In der Ferne ward es hell.

Ich sah bald, daß die Wände der breiten Schlucht aus über einander gelagerten Eisschollen bestanden. „Dome nennen wir diese Burgen."

Weißklar sagte das. Die anderen Engel machten sich am Tauwerk zu schaffen. Wir hatten unser Ziel erreicht.

Ein stolzes Blendelicht durchströmte den Palast. Unermeß= lich lagen die Hallen da. Der Umfang der Säulen verwirrte mich. Nur die Wände, welche nicht weit ab ragten, konnten wir erkennen. Die Fernsicht neben dem nächsten Grund= pfeiler schien grenzenlos.

> Eisschollen bis zur unabsehbar
> Hohen Riesenkuppel
> Hoch emporgethürmt!
> Auf den markig eingerammten Mauerkloben
> Ruhen Schneehügel, weich gewellt.
> Eisbarren unerschütterlich
> Sind fest in dunkle Klausen,
> In dicke Stollen eingezwängt.
> Die großen, grünen Quadersteine,
> Wild zerhackte Schartenstumpfe
> Schmieden hartes Pfahlwerk,

Ungeheure Säulenrumpfe
Machtvoll, stark zusammen.

Der Boden in der düsteren Tiefe zeigte schwarze Wasser=
becken; in denen spiegelten sich die weißen Lichter der Höhe.

An einem Pfeiler verließen wir unser Boot und verweilten
auf einem prächtigen Söller, der den Säulenschaft rundum weit
überkragte.

Ich beugte mich über die Schollenbrüstung und staunte
nach den unzähligen Kanten und Fugen. Ein seltener Stein,
der die Eisfarbe täuschend nachahmte, wurde zu diesem Blockbau
verwandt.

Engel schwebten durch den Dom.

Aus der jenseitigen Mauer schoben sich ebenfalls knorrige
Söller heraus.

Ueberall strotzende Wucht!

Und die mächtigen Bogenträger bargen in ihrem Innern
kleinere Säle. Cherubime wohnten in der weiten Runde, doch
nicht im Dome selbst, sondern in dessen Wänden und Säulen.

Weiseklar geleitete mich in funkelnde Hallen, da lagen
Zeichnungen, Wachsgestalten und krebsartige Thierleiber umher.
Ich ward in das Wesen einer neuen, fremdartigen Kunst ein=
geweiht. Die Engel erfanden neue Thierformen, malten und
bildeten sonderbare Fische, Muscheln, Schnecken und allerhand
Gewürm.

„Der Begriff von den Künsten ist hier erweitert; nicht mehr
die Darstellung, sondern die Erfindung von darstellbaren Dingen
wird zur Hauptsache.“

Weiseklar sagte: „Unsre Aufgabe ist kein Darstellen erfaßter
Empfindungen, sondern ein Umstellen erfaßter Empfindungen.
Wir wollen dadurch neue Empfindungen faßbar machen. Man
könnte das Vorarbeiten für spätere Künstler nennen. Wir sollen
so wie Gott Neues erschaffen, wir sind Seine Gehilfen und Diener.“

Ich habe den Seraphim verwundert angeschaut, ein Ahnen
und Grauen durchzuckte mich.

„So schafft der Vater ewig?“

„Ja.“

„Und er braucht euch dazu?“

Der Engel lächelte, schüttelte leise den Kopf.

„Du bist noch immer ein Teufel. Sieh, Gott kennt keinen Neid. Kein Gedanke an selbstherrliche Ehrsucht vermag in dem Allheiligen aufzukeimen. Das Aufgehen in einem Kunstwerke vernichtet jede Form und Art der teuflischen Machtsucht. Daß Er uns dazu heranzieht, Seine Weltenschöpfung zu vermehren, das ist nur ein Zeugnis dafür, daß der Vater — der Vater der Kunst in Wahrheit ist. Sein Reichtum bleibt unerschöpflich, und Seine Güte versucht, uns höher zu heben; wir sollen Seine wahren Kinder werden und Ihm gleichen. Gott will nicht allein in Seiner Größe dastehen. Wenn wir Ihn, den Unendlichen, auch nie begreifen können, wir ahnen Ihn, und Mancher von uns schafft so herrliche Wesen, daß der Vater dieselben auf seine neuen Welten pflanzt und dort tausendfach aufwachsen läßt.“

Also verkündete Weiseklar das wundersame Leben und Wirken in Gottvaters Reich.

Ich dachte zuweilen, ein nebelhafter Wahn umfinge mich. Doch wenn ich dann fest wieder hinausstarrte, die Engel in den langen Pelzen erblickte, in der Runde die Bogengänge und Erkerhallen wiederfand, dann fühlte ich, daß ich, im Banne der hehrsten Größe gefesselt, nur knieen, anbeten, weinen dürfte.

Berauschende Wunderwelten strebte mein Auge glühend zu durchschweifen. Riesige Ungetüme schwammen in den Wassern; wir besuchten viele Erker, flogen langsam von Säule zu Säule plauderten, sangen, horchten auf das Plätschern der Gewässer — ich vernahm himmlische Weisheit aus Aller Mund.

Durch eine große Pforte flohen wir abermals in das freie Reich der Lüfte, wo nur die Sterneleuchte sprühenden Glanz versendet.

„Weiseklar, sind das dort oben Sterne? es blitzt etwas über ihnen.“

„Nein, das sind die Erzengel mit ihren langen Schwertern.“

> „Sie ziehen ihre Kreise
> Nach ewig alter Weise
> Hoch um der Lüfte Bahn.
> Sie schützen Gottes Land

Vor böser Feindeshand.
Die langen Schwerter glänzen
In stiller Sternennacht —
Erzengel halten Wacht."

Zwei weiße Löwen zogen uns in einem Fellschlitten über eine große Brücke, dessen weit geschweifter Bogen eine tiefe Waldschlucht überspannte.

Als den dunkelschwarzen Himmel der matte Schein einer aufgehenden Sonne durchhauchte, standen wir im Eingange eines neuen Palastes.

Fein geschliffen fügten sich die Steinkanten. Anmutig würfelten sich die Keilgebinde, die Rippenquasten, die Zierschrauben um die Säulenwände, an die fern verschwimmenden Wölbereisen. Pfortenfenster tausendfarbig, mit Glaskugeln, Höhlensternen und Streifschlingen überladen, ließen ein paar Schimmer von den Strahlen der Paradiesessonnen in die reich durchbauten Säulenhallen niederspielen. Auf Stufenschichten blühte, von Blätterhainen umgarnt, die lieblichste Gartenpracht. Schillernde Vögel flogen und sangen über unseren Köpfen.

Frauen pflegten die üppigen Reize dieser Zauberburg. Wir schritten über durchsichtige Glasspiegel; der Boden schien den Glanz der Höhen in die Tiefe zu zerren. Feierliches Kerzenlicht streute seine Lichtfäden zu den grünen Mauernischen, in denen die Engel ein neues Gefieder für Käfer und Vögel zusammenspannen.

Weißklar plauderte von seiner Dichtung, er nahm sich das zierliche, klein, fein Reizende zum Vorwurf. Nicht die Größe, keine Gewalt wollte sein Wort widertönen; nein, bescheiden zum Unscheinbaren beugte sich sein Geist.

So betrachtete ich denn ruhiger die herrlichen Fluren. Nicht mehr darstellen wollte ich das Alles, was unfaßbar selbst Seraphimen dünkte. Dem Fluge der Schmetterlinge folgte mein Blick. Wir wandelten in die kleineren Gemächer. Schöne Frauen erklärten mir neue Federarten; die Schwingkraft der Flügel wurde geprüft. Zeichnungen und Wachsgebilde dienten als Hilfsmittel zu weiterer Forschung und Erfindung. Unzählige Geräthe

lagen hoch oben in den Lauben. Neben den Beeten saßen die
Künstler und sannen, schrieben, malten, bildeten.

> Flügewonne neuer Wesen,
> Fremder Käfer Liebezirpen,
> Das erdenken, das entzückend
> Umzuarten, war der Engel
> Ueberschwenglich hohe Lust.
> . Auf den Wiesen die Schaukelfalter
> Sollten sich anders, nach ihren Gedanken
> Erfreuen am süßen Mattenduft.

Wir sind dann zu einem anderen Berghause gefahren.
Da hielten Riesen, in Stein gehauen, die schweren Eisdächer.
Ungeheuer große Thiere stützten die schwarzen Säulen. Wo das
Auge hinschaute, standen und saßen Steinbilder. Die Gestalten
uralter Thiergeschlechter lagerten in fackelerhellten Klüften. Auf
den Zinnen der höheren Klippenvorsprünge hatten die Umbilder
der Thierform ihr großes Heim.

Ich sah in der Tiefe Löwen und Schlangen, Elephanten
und Hirsche, selbst Herden von plumpen Drachen krochen über
die Abhänge. Wir hörten hinten aus den Gewölben den dumpfen
Ton von ehernen Glocken erschallen. Weisellar hob mich wieder
auf seinen Arm, und wir flogen über die Felsen einer lichteren
Gegend zu.

Dort waren Scharen von Seraphimen und Cherubimen
versammelt; die Pracht der Pelz- und Sammetkleidung über-
strahlte fast die großen Standbilder, die in kunstvoll aufgestellten
Gruppen dem Domsaale reichste Würde verliehen. Die Glocken
verhallten im dumpfen Gebrumm, und Gesänge jubelten zu den
Felskuppen, ergreifend, voll Hoheit, erschütternd. Aus den Ecken
und Grüften klangen die Schallwogen zurück, und dieses Wider-
prallen bildete zu den Tönen der Geigen und Posaunen ein
klingendes Widerspiel, das sich ganz dem brausenden Sanges-
jubel anschmiegte.

Weiter, immer weiter sausten wir in Luftschiffen durch die
Paläste zu noch herrlicheren Schloßgebirgen.

Nahe den schneebedeckten Thurmdächern unter einem breiten

Eiszapfengesimse wurden wir in einem offenen Erker abgesetzt. Durch eine Treppenflur erreichten wir das Innere.

Wir hatten die Hallen der Schneeburg unter uns. Die Bogengewinde der Schneedecke konnten wir deutlich über uns erkennen.

Welche Hand muß diese Masse Schnee
Zu Kugelschwulst und Knollenballen
Geknetet haben!
Zungenlappen hängen über dem Kragegeländer.
Teigklumpen backen angeschmolzen
Unter dem Knausefirst.
Kühn zerpreßte Traubenformen schmiegen sich
An tuffige Kuppelglocken.
In die dicke Mauerlast
Wurden tuschig umrahmte Luken
Hineingeklaubt.
Auf den vielgekrümmten Gewölbegrat
Sind Schneegestirne zackig, groß
Hinaufgestäubt.
Knorriger Fäuste grobes Gepräge
Drückte seine Spur
Um die weiten Giebelfalze.

Wie staunte ich, als ich bemerkte, daß dieser Schnee durch= meißelter Stein war. Zauberhaft lehnten die Schatten von großen Lichtsonnen um die mächtigen Säulen. Fünf oder zehn Stämme vereinten ihre Kraft, um die weißen Kuppenbogen schwungvoll weit hinüberzutreiben. Nicht nur oben in der Nähe der großen Flammen, auch tiefer unten zeigten sich die glitzernden Schneesterne. Alle Reize, welche die einzelne Schneeflocke in sich birgt, hatte man hier vergrößert in prächtiger Lagerung zu= sammengeführt. Undurchdringlich lange Hallenfluchten gingen oft von einem Mittelsaale nach verschiedenen Seiten. Wir schwebten hinab.

Nun erst unterschied ich die bunten Stellen, die mir bisher aufgefallen. Riesenblumen wuchsen auf den Vorbauten, in den Nischen und Söllern, sogar die Brückenbogen schienen mit Kränzen umwunden. Eine Rosenknospe erreichte fast die Größe des Seraphims. Die Ueppigkeit, die saftige Farbe, die dicken dunkelgrünen Blätter gediehen auf pechschwarzem Ackerboden. Riesenpilze, fleckig, fächerartig, bunt beschalt, wucherten in Masse vor den sternbesäten Wandgruben.

Unbeschreiblich steigerte sich die Fülle in der Tiefe. Gärten an Gärten! Mooswälder stiegen zur Seite empor. Kleine Seen kräuselten sich neben den Wiesen; Blattpflanzen in Baumgröße rahmten die Ufer ein. Wir wanderten mit einigen Frauen auf weißen Sandwegen, über Treppen und hohe Mauerwerke, von welchen man über die Teiche, die Beete, die Wälderzüge hinwegsehen konnte. Unmäßig dicke Weintrauben hingen an den Geländern. Die fernen Schneeschichten, die weißen Stufen und die Erkerzacken glänzten mit ihrer großen Blütenwelt seltsam wunderlich hernieder. Die Springbrunnen glitzerten im hellen Strahlenlichte. Die Bildsäulen verschwanden beinahe unter dieser Menge von Dolden, Stauden und kelchumsprossenem Blätterwerk. Grottenhaine mit Riesenfrüchten und Obstbergen dienten als Vorsäle für die Gemächer der Künstler.

Diese suchten Pflanzen zu erschaffen, sie erweiterten das Bereich der Wurzelfasern, um Ueppigkeit heranzuziehen. Jede erdenkliche Veränderung der Blütenteile gelangte bei den Wachsformen, auf den Zeichnungen zum Ausdruck.

Draußen zeigte der Palast, von den jenseitigen Höhen betrachtet, mannigfach gegliederte Regelmäßigkeit. Ueber den spitzen Schneekegeln glitzerte die Sterneleuchte.

Unser Pfad verlor sich in düsteren Höhlenschluchten. Die Grotten wurden immer höher und breiter. Unüberblickbar hoch entfaltete sich die Felsbedachung. Graue Sturmvögel zogen uns in einem Blättergefährt durch die stille Luft. Eine hellgrüne Sonne leuchtete uns voran, sie brach durch ein Gewirr von glitzernden Eiszapfen. Ueber den Hügeln wölbte sich ein Eisdach. Fern leuchtete ein rother Strahlenstern.

Die Hügel wurden zu Bergen, und die Berge zu Gebirgen, und die Sonnengluten wechselten ihre Farbe, hinreißende Schönheit umstrickte die weißen Zapfen; bunter, greller, lichter, zauberhafter strömten die blauen, die mattgelben Strahlen über die Höhenzüge. Der Himmel der Kunst wölbte sein Farbennetz über die Eispracht. Webewolken verschleierten oft den Wunderschein.

An Blumenwäldern und träumerischen Seeen schwebten wir
vorüber. Hoch auf den Riffen schimmerten Paläste. Die Thäler
schlängelten wie Irrgänge durch diese abgeschlossene Höhlenwelt.
Wasser rauschten in der Tiefe. Wir rasteten in einem ehernen
Schloß.

Die Engel saßen da hinter Krügen und Glasschalen, sie
standen an dampfenden Herden, hinter denen scharf riechende
Gewässer kochten, sie schrieben daneben, rechneten, kramten unter
Flaschen und Röhren. Hammergeklapper dröhnte in den oberen
Gemächern.

In einem von Ruß geschwärzten Saale schnurrten unzählige
Räderwerke. Hier durchdachten die Künstler die Festigkeit und
Lagerung der Gesteine. Schön gefärbte Flüssigkeiten wurden
gemengt und zum Sieden gebracht. Man wies mich in einen
Raum, in dem Versuche mit neuen luftförmigen Stoffen angestellt
wurden. Zeitweise hörten wir donnerähnliches Knallen.

In diesen Werkstätten entstand eine neue Weltmasse, die
feinsten Stäubchen zerlegte man, um ihnen in neuer Verbindung
eine anders geartete Kraft zu geben. Der innere Bau der
Sterne ward in noch reichere Formen geleitet, die immer schönere
Gefilde gebären sollten.

Das seltsam Ungeahnte steigerte sich von Burg zu Burg,
kaum vermochte ich die Rauchgebilde mit ihren Farben zu be=
achten. Alles Erdenkbare bot sich dem erstaunten Auge dar.
Die ganze Natur schien hier zu einem anderen Leben zu erwachen.
Ganz frei durften die Engel mit den Sinneseindrücken schalten,
aus ihnen das beste herauswählen und Ueberflüssiges verwerfen.
So entstand ein selbständiges Schaffen und Dichten.

Hier wurden Welten geboren, in dem Gedanken durfte ich
schwelgen. Ich verstand wenig von dem, was ich hörte, doch
ich ahnte die Seligkeit dieser Seraphime, die Gottvaters Sinnen
und Erfinden mit frischer Kraft in die Erscheinung zwangen.
Eines Gottes Schöpferlust, schwelgerisch, fromm, gewaltig durch=
zückte die Schar.

An stillen Seeen ruhten offene Hallen, dort versammelten
sich die Seligen, wenn sie müde von ihrer Arbeit geworden.

In den Fluten glänzten die bunten Sterne. Ich starrte hinauf in den zauberhaft umflammten Zapfenhimmel; die hellen Leuchten hingen so hoch, daß die Berge und die Säulengeländer der Seegärten in Dämmerung verblieben. Weiseklar wurde mein lieber Freund.

In einer Luftbarke überflogen wir späterhin riesig hohe Gletschergebirge. Ich erschaute wieder den Weltsternhimmel, der Mond schien bläulich auf den Schnee und auf die Schollen.

Zwischen zwei hohen Bergkegeln, gerade über einem starren Gletscher, lag das Eisblumenschloß. Kahle, reifumhüllte Knorren= äste umgarnten das einsame Haus. Zweigebüschel hingen über dem breiten Thore.

Hinreißend wunderumladen war der Anblick der Schimmersäle.

> Eisgewächse froren
> Als Wölbesäulen
> Vom tiefen Grund
> Bis hin zum zart gerieften
> Friesedach.
> Winklig stülpen
> Die reichgekerbten,
> Schiefgerippten,
> Splitterumzackten
> Schäumedolden
> Die Mähegarben
> Ueber einander.
> Die Dorrestrahlen,
> Die Gräteborsten,
> Die scheckig gerillten
> Sprießespane
> Umgürten, vergittern
> Mit Kerberiemen
> Und zäh geschälten
> Aetzegerten
> Das wild umhakte,
> Schlitzdurchfachte

12

Sprühgerüst.
Zersetzte Bastebündel,
Dicke Kehlestäbe
Lockern das Zickzackgetäfel.
Zerschrammte Starreströme
Heben die Strebegelenke.

Durch diese Hallenschluchten schaute man in Zauberfluren; das hohe Wandgetäfel war mit Landschaften bemalt. Lichtreize von berückender Macht sprühten ihren Farbenschein über Berggelände, die kein Auge je geträumt. Dem Geiste des Vaters entsprangen diese Gruftgehege, die Sonnenparke, die urweltlichen Waldesnächte. Auf den Rundgängen im Innern der Eissäulen malten Cherubime die gesegneten Traumgefilde neuer Gotteslande. Das Liebliche, das Schaurige, das Uebergewaltige wurde mit neuen Gefühlen in die Wolkengeschiebe, in die Gebirgetriften hineingewebt. Der Reichtum von jenen noch nicht erstandenen Welten hatte auf diesen Gemälden sein wonniges Vorbild. Und rastlos schufen die Engel auf kleineren Flächen Wiesenprunk und Wasserglanz. Das Schönste vom ganzen Paradiese wurde hier mit dem undenkbar Schönen vereint, um das zu bilden, was kein Gott zu verschönern vermag.

Reisbornen umkränzten die großen Gemälde. Wir betrachteten die kleineren Bilder, an denen die Künstler arbeiteten. Wir wanderten umher. Mich ergriff eine Art Mattigkeit, und Weiseklar schritt mit mir auf einen Söller.

Drüben brannte die Sterneleuchte. Unter uns lagen die ungeheuren Gletscher.

„Die große Friedeburg wird über jenen Felsen sichtbar, dort weilt der Vater der Kunst. Nun wollen wir weiter ziehen."

Nach langer Fahrt hatten wir die jenseitigen Felsen erreicht. Ein Riese, mit blinkendem Harnisch bekleidet, trat auf uns zu. Er sprach mit dem Seraphim und wir flogen auf die Spitze der Gebirge. Warme Lüfte wehten hernieder.

Bunter Hügel Wunderreigen
Wellt sich um die Friedeburg.
Perlenschnee

Funkelt, gleißet
Mit unnennbaren Farben.
Ein Bogengeschlinge,
Weichlich gekräuselt
Ringelt sich wolkig
Im Edelfunkenstaub.

— — — — — — —

— — — — — — —

„Still, still, kein Laut!
Ich weiß nicht, wer
Das Alles gebaut.
Selig, wer das Gotteshaus,
Von Demantstrahlen umblendet
In heißer Verzückung erschaut."

Der Riese gab uns in einem ungeheuerlich großen Adler=
gefährt das Geleit. In der Tiefe glitzerte der Farbenschnee.
Es schien, als ob fortwährend die bunten Schnörkelstreife über
die Thäler hinhuschten. Der Schnee bestand aus den allerfeinsten,
mit kostbaren Perlen untermischten Edelsteinen. Kein Fuß durfte
diesen Flockenteppich berühren.

Weisellar erzählte von Gottvaters Weltenschaffen.

„Durch die Größe des Paradieses werden Kometen, Stern=
trümmer, kleinere Stoffballen in Masse angezogen. Die Erz=
engel sammeln diesen Weltenstaub, und Gottvater bildet daraus
hoch über seiner Friedeburg von Zeit zu Zeit eine neue Welt.
Dann beginnt der Himmel in flammender Glut zu leuchten und
der rothe Dampf strömt heiße Lüfte herab. Die Schneekuppen
schmelzen, die Gletscher gleiten in das Thal, und brausende
Bergwasser dröhnen durch die Schluchten in die düsteren Ab=
gründe. Der große Zinnenwall eröffnet den Fluten einen
rauschenden Weg in das Eismeer. Nur die Friedeburg bleibt
still und reglos, denn kein Schnee, keine Kälte vermag dem ein=
samen Schlosse zu nahen. Wenn der neue Stern in den un=
endlichen Raum gesandt ist, dann schneit es wieder, Frostzapfen
starren an den Gesimsen, und das erregte Reich erhält seine
Ruhe zurück."

Ein Wonnefieber rüttelte mich empor. Milder Lichtschein
sank auf die bunten Kegelthürme, duftendes Farbengemenge
zitterte nach den hohen Kugelkuppen, um die mächtigen Zinnen,
über Erker und Söller. Stufenschichten lagerten hinter den
Riffekränzen. Ein Palastgebirge mit tausend Riesengipfeln
krönte, mit buntem Zauberschaum umhüllt, die feierlich klar in
sich versunkene Burgenpracht.

Unser Führer in blinkendem Harnisch zügelte die Adler
über säuselnde Palmen. Blumige Gärten schwellten süßesten
Duft durch die Winde. Olivenhaine mit Grotten und Säulen,
mit Grüften und Teichen bargen thauige Knospenbeete. Schillernde
Falter schaukelten auf den Blüten.

Wir verlassen das Gefährt und wandeln über die Wiesen
in eine große Pforte. Nur deren eine Seite können wir sehen,
die andere verschwimmt in der Ferne. Cherubime schweben mit
stillem Gruße vorüber.

> Wie kann ich sagen,
> Was ich fühle!
> Wie darf ich wagen,
> Das zu preisen!
> Herrlich ernste Ruhefeier!
> Ewiger Schauerrausch!

— — — — — —

— — — — — —

> „Tapfe behutsam,
> Bebe, schwebe!
> Gott, der heilige Gott,
> Thronet hoch da droben
> In Seiner einsamen Hallen Glanz.“

Mit gefalteten Händen hatte der Seraphim diesem alten
Wachgesange der Engel gelauscht. Schweigsam wallten wir
dahin. Friede wehte durch die Flüstertöne der Gottesboten.

Goldige Zinken traten aus den Pfeilerleisten. Gitter=
gewirke umstrickten die Silberblätter. Von den Bügelschleifen
tropften die Perlen. Das ganze Gewölbe war ein großes, prunk=
voll durchbröckeltes Geschmeide.

In erhabenen Säulenschluchten prangten die Gemälde von Sternsonnen; die Glut der Lüfte, die Feuerkrater, die Dampf= wolken, das alles ragte deutlich hervor.

Wir flogen langsam der grünlichen Kuppel zu. Das Licht drang durch zierlich bemalte Riesenfenster.

Die Seitenwände des Domes gewährten den köstlichen An= blick von Mondessicheln und Ringesternen, von dunklen und hellen Weltkörpern, von Nebelmassen und Sternekränzen, deren Ausdehnung tausend und aber tausend Sonnengebiete umspannte. Die Gottesgemälde schienen von Bergreifen und Felszügen umrahmt.

In den Tiefen der Friedeburg führten noch größere Hallen in das Innere des Paradieses.

Die Bahnen der Weltsterne waren in schwarze Riesenflächen eingemeißelt. Buntfarbige Kurbeln, Kreise schlangen sich leicht geschweift in die Wirbel der Schneckenbogen.

Weiseklar sprach von dem Zusammensturz der Welten. „Viele Sonnenbälle verfallen dem Untergange, um, mit anderen Körpern vereint, ein noch mächtigeres Dasein zu beginnen.“ Er wies mir ein Riesenbild, welches das Zusammenprallen zweier Sterne darstellte. Der Seraphim meinte: „Das gegenseitige Zertrümmern, das Zerdampfen der Stoffmassen erzeugt zugleich den ersten Augenblick einer neugeschaffenen Welt.“

Unbeschreiblich hehr und unsäglich schön strahlte der un= endliche Dom. Purpurgewölbe mit rissigen Kanten und Säulen, Diamantenkuppen, Schaumkronen! Saphirnischen! Rubin= gewinde! Ziergesäume!

Ueberwältigt sank ich auf ein Knie und betete. Glocken= töne brummten und summten.

Nur ein einziger Blick ward mir in jenen Gottesprunk vergönnt.

Wir schwebten zu einer hoch gelegenen Oeffnung.

Vereinzelt tauchte hie und da ein Cherubim in langem Seidengewande auf. Kein lauter Ton hallte durch das ein= same Reich.

Draußen an der Brüstung eines Söllers überschauten wir

das hoch gethürmte Burgenland mit den unzählbaren Palästen Gottvaters.

In der Weite ringsum ragten die weißen Schneegipfel, die Eisberge und die Gletscher und die Hügel mit dem Perlenschnee.

Blitzschnell flammte da von allen Bergen das hehre Strahlen= licht in das Himmelsall. Zaubergluten sprühten um die Gebirge der Weltenschaffer.

Mit langen Seidenstricken band mich Weißeklar auf einen Riesenadler, ich ruhte sanft in den grauen Federn. Der Engel reichte mir die Hand, und sausend schoß der Vogel durch die Lüfte.

Ich bewunderte noch die goldenen Flügel des Seraphims, mein Adler stieg gerade steil in die Höhe. Froh weidete sich mein Auge an dem Farbenglanz der Thurmpelze, an dem Gewirr der Söller und Rundgänge. Tausendfach schien die Bildung der Gipfel und Pfeiler, der Wandschichten und Pfortenschluchten.

Ein Krampf.

Meine Glieder krümmten sich, losreißen wollte sich mein angekettet Leib. Die Arme gierig ausgestreckt, schrie ich gellend durch die stille Welt.

Vater! der Vater der Kunst!

Im Purpurmantel saß Er, der Urewige, droben hinter Seinen weißen Burgenzinnen. Sein Arm lehnte ruhig auf der Brüstung.

Gott! der heilige Gott!

Sein Blick schweifte zur endlosen Ferne. Ich sah die furchtbar große Zackenkuppel, unter der Sein stilles Heim verborgen.

Ich versuchte, den Adler zu zügeln, doch vergeblich!

Der Herr erhebt Sich. Es umblitzt der Strahlenkranz der Sterneleuchte Seine erhabene Gestalt. Sein dunkelblaues Kleid verdeckt die höchsten Spitzen der Gebirge. Der Paradieses= mantel flattert im Sturmeswehen. Die Winde spielen mit Seinem Silberhaar.

Weit vorgereckt auf den Knieen starrte ich zu dem strahl=
umflammten, allewigen Gott der Kunst.

Schneenebel verhüllten die Purpurfalten, die blauen Ge=
wänder. Noch einmal verlor ich mich in Seinem nie getrübten,
klaren Himmelsauge.

Einsam, aufrecht, unbeweglich stand der Lenker der Welt,
der Schützer Seiner Scharen, auf den Zinnen Seiner Friede=
burg. Erzengel schwebten herab. Der Schnee fiel in so dichten
Massen, daß ich ihn nicht mehr durchschauen konnte. Ich lehnte
mich weinend an die weichen Adlerschwingen.

Lange mußte ich geschlafen haben.

Wie mich Muffs Rufen erweckte, zog warmer Duft durch
die Wolken. Wir lagen Jeder auf einem großen Adler; in
raschem Fluge wurden wir zu den anderen Teufeln gebracht.

Helles Gewölk bedeckte unter uns das Land, das selten
sichtbar ward.

Ueber den seligen Gefilden, über Meer und Berg, Paläste
und Wälder jagten wir rasend rasch dahin.

Leise drang aus der Tiefe das Gepolter der großen Wasser=
fälle herauf. Unaufhaltsam segelten die kräftigen Thiere über
weite Steppen, in denen der Himmel in gelben, rothen und
grünen Farben leuchtete. Glutsonnen und Wundermonde er=
hellten die ewige Flur.

Ich schrieb viel in mein Buch. Lange, sehr lange währte
die rastlose Adlerfahrt.

In einer großen Stadt begrüßten wir endlich nach langer
Trennung die Blonde, Bohr, Dick und die Schwarze. Die alte
Hexe hatte sich auf den Weg gemacht, um unsre Sachen zu holen.

Wir wanderten einige Tage in der Stadt umher. Schloß
reihte sich an Schloß. Ein breiter Fluß war mit unzähligen
Segelschiffen belebt. Am Ufer die Gärten mit ihren schattigen
Lauben, sie umkränzten die steilen Felsenhöhen. Die Herrlichkeit
fand im Paradiese kein Ende.

Die prächtigen Brücken mit den Bildsäulen und den reich=
umschmückten Ampeln durften wir frei betreten.

Wenn Nachts die vielen Lichter aufflammten, dann ge=

sellten wir uns zu den kleinen Engeln, die uns herzlich lieb gewannen.

Als ich eines Tages farbige Wasserspiele beobachtete, breiteten die Anderen Satans rothen Mantel auf einer Blumenwiese aus.

Die Engel versammelten sich und nahmen von uns Abschied.

Ein heftiger Stoß führte uns weit fort in die Sternennacht.

Bald verschwand als buntfarbige Wolke fern im Weltall — das ewige Reich der Kunst.

Siebentes Heft.

Welcher Stern mochte das Paradies verbergen?

Wir suchten und stritten und wußten es nicht. Der rothe Mantel konnte seine Richtung nicht verlieren. Die Alte saß wieder hoch oben und lenkte seitwärts, wenn wir einem Welt=ball zu nahe kamen.

Während sich die Anderen mit Dick zankten, zog mich die Blonde in eine herabhängende Tuchecke. Zitternd schmiegte sich das gute Mädchen an meine Brust, und ich hörte Dinge, die Jeden mit Furcht und Schmerz erfüllt hätten. Die Seelenqual meiner Freundin peinigte mich unsäglich. Ich versprach, nichts von ihren Geständnissen den Teufeln mitzuteilen.

Bald darauf gebar die Blonde ein Kind. Bohr war selig und außer sich vor Glück; doch die Mutter wollte den Knaben nicht aus ihren Armen lassen. Niemand erhielt das Recht, den kleinen Teufel mit Muße zu betrachten.

Als Muff und ich wieder einmal Sternschnuppen beob=achteten, vernahmen wir ein heftiges Schreien, Bohr brüllte; er hatte weiße Flügel an Blondchens Kinde bemerkt.

Ich begriff sofort das ganze Ereignis: Der Cherubim mit den weißen Schwanenschwingen war eines Teufels Vater geworden.

Wir rotteten uns sämtlich zusammen, um Bohrs Wut=ausbrüche zu bändigen. Wir Alle suchten die Blonde zu trösten und ihren Geliebten mit denkbar besten Reden zu beschwichtigen.

Durch Kometen, Sternenringe, neben Monden eilten wir der fernen Hölle zu. Bohr schlief fast garnicht mehr. Die Ruhe ward leider vielfach durch erbitterten Faustkampf gestört.

Endlich nach langer Fahrt röthete der Schein der Höllen=feuer unser Antlitz. In großen Bogen lenkte die Hexe um die glühenden Krater. Die alten Flammen loderten prasselnd über die schwarzen Felsen.

Dort auf der höchsten Spitze saß der Satan. Er spähte mit der Hand über den Augen in die weite Welt. Jetzt erhob er sich, er hatte die Seinigen erkannt. Er packte den rothen Mantel und warf ihn über die Schulter. Dumpf und schwer hallten seine Worte, als er mich aufforderte, ihm zu folgen.

Im großen Schachte, der neben dem Stierkrater liegt, stiegen wir langsam in die Höllenklüfte. Des Vaters Haupt schien gebeugt. Die hagere, sehnige Riesengestalt riß eine Fackel aus dem Gemäuer und ich flog eilig dem Gewaltigen nach.

In einem stillen Grubensaal fanden wir die Alten der Hölle versammelt. Kienspäne knisterten an den zerrissenen Wänden. Ich mußte erzählen, was ich gesehen und gehört.

Wie die Riesenschar aufhorchte! Der Herrscher der Hölle stand mir gegenüber. Sein scharfes Auge blickte tiefernst zu Boden.

Was die Gewaltigen sprachen, darf ich nicht sagen. Die Hallen dröhnten beim Klange der fürchterlichen Stimmen. Ich reckte meine Hände hoch empor, um des Vaters Knie zu erreichen. Doch ein Ruck riß mich in die Lüfte.

Der starre Geierblick durchbohrte mich. Ich staunte die Glieder an, deren prächtigen Wuchs das alte, eng anschließende Gewand umschloß. Der König des Feuerreiches hielt mich mit beiden Händen. Er fragte viel und gebot mir zuletzt, das Paradies mit Worten zu schildern, so gut ich es könnte. Mir ward volle Freiheit in der Behandlung erteilt.

Ueber die Hexe geriethen Alle in grimmigste Wut, weil sie die Sammetkleider versteckt hatte. Doch aus Rücksicht auf Satans Mutter wollte man darüber schweigen.

Das fürchterliche Weib besaß damals noch einen großen Anhang, obgleich man die Schlangendrachen für sehr schwach hielt.

Die Aeltesten in der Versammlung legten deutlich die Nutzlosigkeit eines jeden ferneren Weltkampfes dar. Durch die Reihen der Höllenfürsten tönte wieder und wieder die laute Klage, daß man des bisherigen Lebens müde geworden. „Laßt von dem

ewigen Krieg! Laßt von der Machtsucht!" Das war der neue
Heerruf im Teufelsland. —

Während für meine Höhle der geheimste Winkel aufgesucht
wurde, ging ich träumend unter meine Brüder und wollte
plaudern von Wonne, Glück und Seligkeit. Doch Hohn, kalter
Hohn stieß mich zurück.

"Hinaus mit dem Dichter!"
schrie man mir entgegen. Ich sah mich verachtet und Niemand
hörte mich an.

Fort schweiften meine Gedanken zu duftigen Gartengefilden,
zu Rosenhainen und Seelauben. Aber unfruchtbar, kahl und
düster lagerten die ausgebrannten Steine vor den Höllenflammen.
Widerlich dröhnten die schweren Hämmer durch das Reich der
Arbeit. Keine Rast erquickte die Teufel.

Ich fühlte mich überall fremd. Ich haßte dieses Volk,
welches nur arbeitet, um die Zeit zu töten, das ohne Arbeit
lange Weile hat.

Man verspottete mein Umherschlendern, ein Dickteufel hielt
mir einen Vortrag über die Faulheit.

Ekles Gesindel!
Die verzerrten Fratzen
Stieren auf das öde
Mordgeschoß.
Stumpfe Schufte
Bohren, sägen, mergeln
An den Riesentonnen,
Die die Welt zerstören sollen.
Das ist ein Gehämmer,
Geklopfe, Gebrülle, Gestampfe!
Im Höllendampfe
Schnurren und pfeifen
Die Räderwerke.
Die krummen Racker
Schmieden voll Grimm
Sternsprengende Schleuderrohre.
In den Feuergluten

Sengen die Eisen
Die Schrauben knarren
Es zittert der Fels.
Tausende Knatterkugeln
Rollen hinab in den finstren Schlund.
Ein grinsender Afterproß
Peitscht die schwitzenden Kerle.

Dabei that dieses Pack so bieder, als errängen sie allein eine Berechtigung zum Leben. Was half mir, wenn ich ihnen auseinandersetzte, daß der Künstler nie unthätig sein kann.

Ich wollte dieses Höllenleben auch darstellen. Mitleid ergriff mich, ich bedauerte die armen Teufelsknechte, die, ewig geplagt und gequält, ein Glück erringen wollen, das nie befriedigt. Ich gab mir Mühe, ihnen das Wort „Empfindung" zu erklären, ihnen klar zu legen, wie diese geradezu in den Sinneseindruck hineintaucht.

„Nur der eindringlich aufgenommene Sinneseindruck erzeugt eine Empfindung."

Die dümmsten Witze zeigten mir leider, in welchen Quark die Teufel einzudringen wissen.

Um die Dummen zu verspotten, erklärte ich die Empfindung für einen Sinneseindruck, der mit erstickten Vergleichen gespickt wird. Rohes Gelächter war die Antwort. Ich wurde täglich ernster.

Abermals überließ ich mich der Wut; ich gedachte jener Sternbewohner, die arbeiten müssen, um leben zu können.

Wie lächerlich erschienen mir die ungeheuerlich langen Platznadeln, die schweren Brechrammen und die sorgsam gehüteten Zündstoffe.

„Erzengel halten Wacht."
Den Mahnruf schrie ich oft genug in die thätigen, emsigen Scharen.

Aber die Kunst konnte selbst mit diesem Leben versöhnen. Ich ging umher und prägte mir die Hebelarme, die blanken Ziehstangen, die dicken Schmierwalzen in mein Gedächtnis. Ich hatte sie früher nicht so aufmerksam angesehen. Die Beobachtung

der Praſſelflammen und Funkenregen entzückte mich hier ebenſo
wie im Himmel.

Die Eitelkeit und der aufgeblähte Stolz der Teufel machte
mich luſtig. Die ehrbaren Geſichter wußten nicht, daß ſie
albern waren.

> Doch die plumpe, rohe Maſſe
> Mit den ſchlagbereiten Fäuſten
> Weckte tiefſten Widerwillen.

Indeſſen ſelbſt das Häßliche, Scheußliche zog mich immer
wieder in ſeinen gräßlichen Gedankenkreis. Die ächzenden Un=
geheuer, die zerquetſchten Gliedmaßen hätte mancher Engel
malen können.

Nur der Mangel jeder Verzierung, das ewig zweckvoll
Einfache dieſer Ringe, Rauchlöcher und Greifkrahne dünkte mir
ſo grenzenlos arm.

Arm iſt und bleibt die Hölle, und die Teufel ſind es auch.
Das trennt ſie vom Lande der Kunſt. Sie wiſſen nicht, was
es heißt, mit unzähligen Vergleichen ſehen, und wenn ſie das
wüßten, ſo hätten ſie damit doch nur den Weg betreten, auf
dem man zur künſtleriſchen Empfindung gelangen könnte. Darf
ich ſelber fragen, ob ich am Ziele bin? Unſre Sinne bedürfen
einer derartigen Schärfung, daß jeder Blick unſren ganzen
Körper verwandelt, daß alle Glieder mitbeben und untergehen
in dem gewaltigen Schauer der Erſcheinung. Ich habe nun
den Grund gefunden, weshalb mich Keiner verſtand.

Und nicht nur das Auge, jeder andere Sinn muß ebenſo
feinfühlig ausgebildet ſein. Wir wiſſen nur, daß wir Sinne
haben, ſie wurden unſre Welt, und ſie ſollen unſer ganzes
Weſen ausfüllen; dann können wir dereinſt Künſtler werden.

Mir iſt das Wort Empfindung erſt jetzt ganz klar geworden.
Ich wollte doch endlich dahinter kommen, was mich ſelbſt von
den Teufeln trennt, und ich unterſuchte mich wieder und wieder,
allmählich begriff ich das Engelwort: Der Sinn ſieht oder hört
oder fühlt — der ganze Körper empfindet.

Ich kann nicht deutlicher über das Glück der Seligen
ſprechen. Hiermit that ich alles, was durch meine ſchwache
Kraft Himmel und Hölle zu nähern vermag. Nur Engelzungen

vermögen die letzten Schleier von den Geheimnissen der Künstler=
brust — fortzuschmeicheln.

. . . .

. . . Geheimnisvoll drückte mir zuweilen ein Teufel die Hand.
Der gehörte zu den Machtmüden, die zumeist dieselbe Meinung
hatten, nämlich die, daß das Leben ein großer Unsinn sei. Viele
von diesen traurigen Gesellen sehnten sich nach dem Tode. Das
war ein Schritt zum Bessern. Aber wie kläglich und erbärmlich
gebärdete sich die Bande! Die Teufel wollten immer etwas
sein; Macht, Stellung, Rang wurde als Losung ausgerufen.
Nun verloren die Vernünftigen ihr altes Streben und damit
jeden Halt.

„Das, was wir fühlen und empfinden können, eben fühlen
und empfinden, das ist der Lebenszweck, das macht euch
glücklich?“

Ob sie meine Worte gründlich überlegt haben? Ich mußte
jener Gottesverehrung auf den dunklen Sternen gedenken. Nur
aus den Trauerklängen um die Todten entstanden die Gebete,
die heiligen Gebräuche. Der Kampf um das Leben, das Ringen
mit dem ewigen Sterben erzeugte die tiefempfundenen Schmerz=
gesänge, welche das Zeichen der Ergebung in Allvaters Willen
sein sollen. Der furchtbare Klagelaut lebensfroher Scharen
ward zum ergreifenden Gottesdienst. So stehen die armen Be=
wohner der unzähligen Himmelsbälle da. Die Teufel sind un=
sterblich und doch nicht glücklich.

Wer versteht aber die ganze Fülle von Neid und Herrsch=
sucht? Ein Dürrteufel schützte die Erschöpfung nur deshalb vor,
um die Anderen ebenfalls schlaffer zu machen und dadurch einen
Vorsprung zu gewinnen.

O wenn ich im Himmel
Auf seligen Auen
Gemeine Gedanken
Und häßliches Elend
Und grausame Qual,
Scheußliche Lumpen
Darstellen könnte!

Wilde Peiniger,
Grauenhafte Grabgestalten
Wiederbilden, still zu beschauen.
Die Engel würden sich freuen.
Der Künstler haßt nicht mehr.

Der Blonden Kind ward der Höllenengel genannt. Die
Mutter mußte Schutz bei unserer alten Hexe suchen. Meine
Freundin hatte Bohr nicht mehr zur Seite, und allen Teufeln
war die Arme preisgegeben. Ich selbst durfte sie nicht schützen,
konnte das auch nicht. Aber die Blonde sorgte nur für ihr Kind
und bat mich, nur ihren Knaben später in meiner Höhle auf=
zunehmen. Ich versprach das.

Dick schrieb bereits an einem Werke über die Naturkräfte
des Himmels. Die Kriegsteufel wollten mit allen Mitteln ihren
Angriff unterstützen. Wilde Versammlungen wurden von der
fürchterlichen Höllenmutter zusammenberufen. Dem Bohr über=
gab die entsetzliche Alte die Leitung der größten Schmiede=
werkstatt.

Endlich traf mich die Nachricht, daß meine Hölle fertig
gestellt. Hinter den Giftgruben, dort, wo machtsüchtige Künstler
elend verkommen, dicht am Fieberkrater fand ich mein stilles
Heim. —

Eine große Zeit ruht hinter mir. Die Blätter in meinem
alten Buche blicken mich wie liebe Freunde an. Alle Gedichte,
die Erinnerung an Wonne, Lust und Glück sind umkritzelt und
abgeschrieben. Der Waldwilden Meermalerei liegt drüben in
der Ecke; selten hole ich das Andenken hervor, um meine Sehn=
sucht nicht noch mehr zu steigern.

Die Fackel knistert und spiegelt sich in dem schwarzen Ge=
stein. Den Boden meiner Dichterhöhle bedeckt noch der alte
Sternenteppich. Die zerrissenen Sammetkleider wehen auf und
ab. Draußen die Flammen jagen in ruhloser Hast.

Neben meinem Steintisch sitzt der Höllenengel. Seine
Mutter brachte ihn her, weil er von den Teufeln verfolgt wird.

Mein rosiges Kind,
Ich sollte Dich lieben
Herzig und warm,

Sollte Dein guter Vater sein.
       Wie Dein blaues Auge
       So treu, so fromm
       Schaut, was ich mache.
       Lache, Kleiner!
    Träumst Du vom Paradies?
    Armer Junge! Alles hat er gehört, was ich sprach. Wenn
ich am Höllenfenster stand und die Weltwesen in die glühenden
Krater stürzen sah, dann beklagte ich oft die Elenden. Dort,
wo sie geboren, haben sie nur die Arbeit um kläglichen Fraß
gekannt, haben mit Lust und Liebe gekämpft und vom Teufel
der Machtsucht ihr Glück erharrt.
    Vom Anblick der tückischen Feuersöhne ward ich lange be-
freit. Doch wenn ich zuweilen drüben vor den Giftgruben
solchen struppigen Schurken bemerkte, dann verfluchte ich den
ungeschlachten Hund. Schwer zwang ich mich zum Mitleid.
Die dummen Teufel sind noch stolz auf ihre Qual, sie wären
werth, ewig bei ihrer albernen Arbeit zu bleiben. So geschieht
es vielleicht. Das scheint Gottvaters Fluch zu sein; er hat die
herrische Brut mit Blindheit geschlagen. Ob sie werden er-
löset werden?
       Besiege die Welt,
       Du, himmlische Kunst!

. . . .

    Die Blonde hat sich zu mir geflüchtet, sie kocht Lebens-
wasser für uns drei. Ihr Kind mit den weißen Fittigen und
den hellen Locken hilft der Mutter und erzählt von mir.
    Ich empfange die Nachricht, daß die Fürsten des Feuer-
reiches einen Aufruhr anzuzetteln suchen. Die Feinde des alten
Höllenweibes vermehren sich, Satans Mutter kann die Teufel
nicht weiter verhetzen.

. . . .

    Die Blonde hat mit ihrem Knaben die Dichterhöhle ver-
lassen. Bohr hat meine Freundin wieder in Gnaden auf-

genommen, weil ihm die Bedeutung des Höllenengels wichtig erscheint.

Muff will Tonschauspiele schreiben. Ich ließ ihm sagen, daß er nicht vergessen soll, wie die Kunstgesetze von den Darstellungsmitteln einer Kunst erzeugt werden.

Die Blonde meinte, man verfolge mich auch. Ich muß fort aus meiner Höhle.

Altes Kopfnetz, komm hervor!

Mit altem Feuermut will ich mich endlich abermals, vielleicht zum letzten Male in diese Flammen stürzen.

Wenn der Vater nur zur That schritte!

Mir winkt das ewige Freudenreich.

Möchten die Trotzer ihren Tod finden! Wir sind nicht länger geduldig.

In den Sternenteppich hülle ich meinen kleinen Körper, dicht vor dem Fieberkrater am Höhlenloch will ich die letzten Verse schreiben. Waldwildens Meermalerei muß ich mir noch umhängen, doch dann kann ich in den siebenden Abgrund springen, zum Satan stürmen.

Höre, gewaltiger Höllengott!
Jauchzender Schall
Dröhnt durch die lechzenden Flammen.
Satan! Rotte die Horden
Herrisch zusammen!
Entfache scheußlichen Bruderkrieg!
Gebiete der lohenden Feuerkraft!
Auf zur rasenden Donnerschlacht!
Prasselgelober glühe heraus,
Senge, sprühe qualmenden Brand,
Ersticke den Wahn der Macht!
Töbte, töbte die Gier!
Satan, führe die Deinen zum Sieg!
Entbrenne, Du letzter gräßlicher Kampf!
Satan, zersprenge den Höllenball!
Vernichte das elende Trotzgeschlecht!
Wenn das gethan, dann flattern
Strahlenbanner uns voran.

Fort! durch das ewige Himmelsall!
Teufel! Teufel!
Der Heimat Schimmergefilde
Glänzen in sonniger Zauberpracht.
Gnädig verzeiht uns der Vater der Kunst.
In allen Fernen herrschet der Friede.
Nun baut der Seligen einiges Volk
Auf allen Sternen der Welt
Ein Gottesparadies.

Druck von George & Fiedler, Berlin, Wilhelmstraße 20.